征途

巾帼劳模
和她们的时代

中华全国总工会女职工部◎编

中国工人出版社

目录

壹 家国情怀

贰 科学之光

科学之光

叁

匠心制造

肆 风气之先

伍

文化基石

陆

大爱无疆

壹 家国情怀

戎冠秀

子弟兵的母亲

戎冠秀（1896—1989 年）

被誉为“子弟兵的母亲”

抗日战争时期组织妇女搞生产，支援前线，救护伤员

1945 年荣获劳动英雄称号；2009 年被评为“100 位为新中国成立作出突出贡献的英雄模范人物”之一

“这位好老人，好比一盏灯。战士给她火，火把灯点明。她又举起来，来照八路军……”

——田间《戎冠秀赞歌》

在石家庄市裕华西路与中华大街立交桥西北的街心花园，矗立着一座浮雕。浮雕主体是一位面容慈祥、眼含深情的母亲，基座部分刻画了这位英雄母亲带领群众送饭送水、慰劳军队、抢救伤员、坚壁清野的生动场景。这位英雄母亲，就是抗日战争支前和生产运动中杰出的拥军模范和劳动模范戎冠秀。

在烽火连天的抗战岁月，这位普通的小脚妇女，将全部精力和心血扑在拥军支前上，救助了无数受伤的八路军战士，为晋察冀边区人民群众拥军爱国树立了榜样。

1944 年 2 月 13 日，地处太行山区的阜平县北崖村，正在举行晋察冀边区第一届群英大会，这是一次不寻常的颁奖大会。人们的欢呼声、掌声驱走了冬日寒意。

一位脖子围着白毛巾的农村妇女，激动地从军区司令员聂荣臻手中接过一面锦旗，锦旗上绣着六个金灿灿的大字——“子弟兵的母亲”，锦旗落款：军区司令员兼政治委员聂荣臻，副司令员肖克，副政治委员程子华、刘澜涛，政治部代主任朱良才率子弟兵全体指战员。

她叫戎冠秀，时任平山县下盘松村妇救会会长。

1937 年，八路军开进了太行山区深处的平山县。1896 年出生在贫苦农民家庭的戎冠秀，把共产党视为救星，把八路军战士视为亲人。受党的抗日救国宣传的影响，戎冠秀加入村妇救会，投身抗日，并于 1938 年加入中国共产党，当选村妇救会会长。

1938 年至 1942 年，是抗日战争最艰难的时期，下盘松村的青壮年男子纷纷走上前线。在艰苦的环境里，戎冠秀带领全村妇女，积极赶制军衣军鞋，拥军支前，挑起了支前和农业生产的重担。

在晋察冀边区第一届群英大会上，戎冠秀作完大会发言后，在场的一位八路军战士激动地找到了她："大娘，您还记得我吗？我是您救过的八路军啊！我叫邓仕均，没有您的救护，我一定活不到今天！谢谢您……"原来，从戎冠秀的发言中，这位名叫邓仕均的战士听出，戎冠秀就是当年在反"扫荡"中救护自己的大娘。

那是 1941 年秋，日军调集 7 万大军，向晋察冀边区发动了惨绝人寰的"梳篦大扫荡"。一日清晨，戎冠秀正在山梁上放哨，发现一名胳膊负伤的八路军战士。她让负伤的战士用两脚踩在她的双肩上，用尽全身力气，将他托进陡峭岩石的山洞。在战争年月里，掩护、救治了多少伤病员，连她自己也数不清。

戎冠秀的模范事迹，被一次次搬上舞台和荧屏。2009 年，在全国"双百人物"评选中，戎冠秀被评为"100 位为新中国成立作出突出贡献的英雄模范人物"之一。她的名字，已经深深刻在了中国革命史和妇女运动史的史册里。

申纪兰

将『男女同工同酬』写入新中国《宪法》

申纪兰（1929—2020 年）

倡导并推动“男女同工同酬”写入新中国《宪法》

连续 13 届当选全国人大代表

1979 年、1989 年、1995 年全国劳动模范；2018 年被授予改革先锋称号；2019 年被授予共和国勋章

“忠诚。”

从来到西沟村起，通往田间地头的路，她走了74年；从入党那天起，通往山坡林地的路，她走了67年；从当选全国人大代表起，通往群众家门口的路，她走了66年。她曾先后13次见到毛泽东主席，和毛主席握手。周恩来总理在中南海西花厅宴请过她，邓小平同志称赞过她，江泽民同志夸她“凤毛麟角”，胡锦涛同志叫她“申大姐”，习近平总书记亲自到西沟村看望过她……

她，就是申纪兰。

1951年，西沟村成立初级农业生产合作社，申纪兰当选副社长。按照当时合作社的规定，男人下田一天记10工分，妇女下田一天只记5工分，这“老五分”的规定，严重挫伤了妇女们的积极性。于是，申纪兰就带领妇女和男人们开展了一场富有历史意义的劳动竞赛活动，并争取到“男女干一样的活儿，应记一样的工分”的规定。男女同工同酬，在西沟村这个太行山脚下的小山村里率先实现，并最终写入了《中华人民共和国宪法》。

1954年，申纪兰当选第一届全国人大代表，从此开始了与人民代表大会制度风雨同行的66年。

66年的代表生涯中，申纪兰所提的议案建议，有关系国计民生的大事，也有涉及广大群众利益的小事。山西老工业基地改造、山区交通建设、水利兴修、耕地保护、贫困地区旅游开发等，都逐渐被采纳，并被实现。申纪兰也成为全国唯一一位出席第一届到第十三届全国人民代表大会的人大代表。

“务实”，正是申纪兰几十年如一日的座右铭。

今昔西沟村，天壤之别，来自什么？来自想问题硬碰硬、干工作实打实，来自一步一个脚印往前走。

打坝造地，申纪兰抡锤掌钎、开山放炮、采运石料，干的全是男人干的活儿。如今，矗立在239条大小沟壑中的上千座谷坊和拦洪大坝，彻底改变了西沟人的生存环境。植树造林时，申纪兰带领妇女们扛着镢头、背着松子上了山，汗水洒遍了332座荒山，换来2.5万亩“绿色银行”。

改革开放，春风骀荡。西沟人有了新思路，申纪兰有了新想法：“富起来！”申纪兰带着村干部，一路南下寻找“无工不富”的路子，到处奔波，考察项目，筹集资金，购买设备，先后领办铁合金厂、磁钢厂、石料厂、核桃露饮料厂、焦化厂、纪兰冶炼厂等十几家企业，并且将“西沟人家”饭店开到太原……西沟展览馆，如今已是全国廉政教育基地。她完成了从纯粹的农业劳模向企业管理者的自我超越，带领乡亲们在新的征程上抒写春天的故事。

有人问申纪兰：“你这一生要用两个字来说，是什么？”

申纪兰说：“忠诚。”

忠诚于党，忠诚于人民。不为名累，不为利惑，一生简朴，一生清白，一生忠诚，这就是一个共产党员真正的本色。

功德无碑，群众心中有碑。

曾经的风雨锻造了一代劳模的风骨。崇高、忠诚和无私，“纪兰精神”融入了太行山的峰峦，穿越时代长青。

赵桂兰

『党的好女儿』

赵桂兰（1930—2019 年）

被誉为“党的好女儿”

为了保护国家财产舍生忘死，身受重伤

1950 年全国劳动模范

“我虽然残废了，但我的思想没残废，我还要和以前一样为人民服务。”

1930年12月，赵桂兰出生于山东省安邱县一个贫苦的农民家庭。1946年，16岁的她参加革命工作，在大连市公安局下属的保密单位国光工厂化学配置室管理药品。没上过学的赵桂兰识字不多，要记住拗口的化学药品名称、符号更是困难。经过不懈地勤学苦练，她不仅熟悉了各种化学药品，还学会了多种配方。

1948年1月，赵桂兰被调到建新公司宏昌工厂（后划归国营五二三厂），在化学配置室管理药品。同年12月，赵桂兰光荣地加入中国共产党。她处处以共产党员的标准严格要求自己，哪里困难大，就出现在哪里，在危险面前从不退缩。

1949年12月19日，是赵桂兰一生无法忘却的日子。下班的笛声响过之后，赵桂兰把工友们没用完的100克雷汞收好，准备送到配置室保存起来。当走到距离配置室只有二十几步远时，她忽然感到一阵剧烈眩晕，眼前一黑，两条腿完全不听使唤，倒了下去。这时她心里很清楚，前面配置室里放的全是易燃易爆药品，附近还有一座仓库，雷汞触地就会爆炸，后果不堪设想。为了保护国家财产，她把个人生命置之度外，电光石火之间，她把雷汞紧紧抱在怀里，压在身下。

“轰”的一声，雷汞爆炸了，地上被炸出一个大坑，车间保住了，工厂保住了，她却被炸得全身血肉模糊，左下臂被炸飞了，右臂断了五根筋，头部和身体多处重伤。由于控制得当，爆炸没有引爆附近的配置室，赵桂兰用她仅存的意识挽救了国家财产。她的事迹被广为传播，编进当时的课本。

1950 年 9 月，赵桂兰被评为全国劳动模范，成为新中国第一批全国劳动模范，出席了全国工农兵劳动模范代表会议。会议开幕式上，部分代表向毛泽东主席献旗献礼。轮到东北代表时，一名留着短发、手部残疾的年轻女子走了过来，激动的她还没有说话，毛主席就主动伸出手来，微笑着对她说：“你又来了。”她便是被称作“党的好女儿”的赵桂兰。赵桂兰对毛主席说：“毛主席，我想请您为我签个名！”毛主席欣然应允，接过赵桂兰的笔记本，唰唰在扉页签下了“毛泽东”三个字。

同年，赵桂兰作为特邀代表参加了全国政协一届二次会议，她在大会上发言：“我虽然残废了，但我的思想没残废，我还要和以前一样为人民服务。”从此，她把做“党的好女儿”作为一生的追求。在离休后，她也把大部分时间用在了关心下一代上，同时担任几所中小学的校外辅导员，经常对青少年进行爱国主义教育，她希望孩子们永远不要忘记革命历史。

田桂英

新中国第一位女火车司机

田桂英（1930—2023年）

新中国第一位女火车司机

1950年全国劳动模范

> “不学会开火车咱们就谁也别结婚，只要男人们能干的活儿，咱们妇女也能干。”

1949 年 5 月，大连机务段决定招收培训一批女火车司机。消息传来，田桂英第一个报名。她的这一举动，遭到了父母的反对，社会上的风言风语也向她耳边吹来，就连到医院参加体检，医生也说：“机务段闹着玩呢，女人的身体再好也不是男人呀，你们能吃得了这个苦？”田桂英不服气、不气馁，她和一起参加报名的姐妹们说：“不学会开火车咱们就谁也别结婚，只要男人们能干的活儿，咱们妇女也能干。”

想当火车司机就得从当火夫学起。那时的火车都是蒸汽机车，以煤为燃料，如何往炉里投煤，便成了必须学习的第一关。按照要求，15 分钟得投 280 锹煤，投完之后又要一锹锹地把煤渣掏出来，掏空了再投。别说是一个女孩子，就是壮小伙子这样干下来也够受的。田桂英一天天地练，累得满头大汗也不肯休息，就这样坚持不懈练了两个月，终于闯过了投煤关。

很快，田桂英又迎来了新的挑战——学习机车构造技术原理和制动机理论。当她走进机务段机车模型教学室，面对那一张张机车构造图纸上弯弯曲曲的管路和密如蛛网的圈圈点点，才开始意识到，开火车真不是那么简单。开弓没有回头箭，既然下决心干，就得干出样来。

为了记住这些构造，田桂英盯着图纸反复辨认，一遍不行，再来一遍。一台蒸汽机车有大大小小上万个零件，它们的作用与性能各不相同，又互有联系，形成一个有机整体。为了学会弄懂，田桂英聚精会神听讲，课后与大家互相讨论，巩固学习成果，晚上熄灯后还打着手电在被窝里看书。凭着顽强的毅力，田桂英以优异的成绩又闯过了理论考试这一关，接着，又通过实地操作的严格考试。

1950 年 2 月，田桂英正式走上火车司机岗位，因为成绩突出，还被晋升为司机长。她的行动，带动了成千上万的女青年，开辟了新中国第一代妇女参加工作的新途径，谱写了中国妇女运动史的新篇章。

1950 年，田桂英光荣地当选为东北铁路一等劳动模范和全国劳动模范，出席了全国工农兵劳动模范代表会议，受到毛泽东主席的亲切接见。在 1951 年全国政协一届三次会议上，田桂英作为列席代表，再一次被毛主席接见。毛主席握着田桂英的手说："你能开得动大火车？"她手上故意使了点劲儿，想让毛主席看看自己到底行不行。

1985 年，田桂英从沈阳铁路局工程处离休，仍不忘初心，奉献社会。她经常应邀到学校、工厂，给学生和职工讲革命传统。她每天与离退休劳模一起，义务维护沈阳北运河环境卫生，把劳模精神发扬光大，传承下去。

梁军

驾驶『火犁』的垦荒女英雄

梁军（1930—2020 年）

新中国第一位女拖拉机手

第三套人民币壹元纸币上女拖拉机手的原型

1950 年全国劳动模范

> “在旧社会，什么苦没吃过？能够开上拖拉机，为国家作贡献，已经是过去想都不敢想的事情，应该以苦为乐，以苦为荣呀！”

梁军1930年出生于黑龙江省明水县一个贫苦家庭，原名梁宝珍，后来她自己做主改名梁军，她说，那意味着她要像军人一样去工作、去战斗，成为对社会有用的人。

1945年抗战胜利后，中共中央根据形势的变化，立即做出进入东北建立根据地的决定，随即展开艰苦卓绝的开发和建设。1948年，中央决定从苏联进口拖拉机在北大荒垦地种田，并在黑龙江北安举办拖拉机手培训班，18岁的梁军突破重重阻力第一个报名，她也成为当时70多名学员中唯一的女性。

作为新中国第一位女拖拉机手，梁军刻苦钻研拖拉机驾驶技术，为提高作业效率，梁军和她的同学们歇人不歇“马”，每天劳作十四五个小时。劳动强度大，食宿条件差，荒野之中搭个窝棚，与蚊虫为伍，和野狼结伴，吃的是水煮土豆，喝的是沟塘里的生水，身上被蚊虫叮咬的脓包痒疼钻心，腰酸腿痛得睡不好觉。在这种境况中，梁军生了疥疮，但她不顾病痛，一天也没休息，仍和男同学一样拼命地干活儿。

尽管工作条件极其艰苦，但梁军没有半句怨言，反而觉得骄傲和自豪，她说：“在旧社会，什么苦没吃过？能够开上拖拉机，为国家作贡献，已经是过去想都不敢想的事情，应该以苦为乐，以苦为荣呀！”她对前去采访的《东北日报》记者说：“只有在这样的环境中，才能把我们锻炼成真正的人。”地越开越多，种的庄稼也长起来了，金黄色的小麦在风中起伏，形成阵阵麦浪。这一年，梁军他们种了 130 多垧地的麦子，收获 300 多石粮，开了 400 垧新荒。

随着一篇篇通讯稿的发表，梁军的事迹传遍了祖国的大江南北。梁军的形象被刊登在《人民画报》封面上。在梁军的感召下，很多女孩放下绣花针，开始梦想成为征服“钢铁坐骑”的女中豪杰，纷纷要求跟梁军学开拖拉机。梁军第一个教会了吴玉珍，之后又耐心帮助陈亚茹也掌握了这门技术。消息一传开，又有几个姑娘一商量，也要报名学开拖拉机。当时正是秋天，梁军就利用劳动空隙时间坐在榛柴棵里给姑娘们讲机器原理，并见缝插针地教她们实际操作。

1949 年 6 月，这个来自五湖四海的“姐妹连”，在黑土地上凝聚成一个英雄的集体——“梁军女子拖拉机队”，这是我国第一个女子拖拉机队。梁军任队长；吴玉珍任文化教员，分管 3 台拖拉机。姑娘们把党和政府送给她们的一面红旗挂在司机棚前，周围插满各色的花朵，她们都为获得这样的殊荣而激动。第二天，女子拖拉机队的驾驶员们就在梁军的率领下，分乘 3 台拖拉机向辽阔无边的大地奔驰而去，从此这个以英雄的名字命名的集体就驰骋在北大荒辽阔的黑土地上。两年时间，梁军和她的伙伴们垦荒 1500 多垧地，梁军成为 1962 年 4 月发行的第三套人民币壹元纸币上女拖拉机手的原型。

黄宝妹

纺纱世界里的『神仙女』

黄宝妹，1931 年生

新中国纺织工人代表

1956 年、1959 年全国先进生产者；2021 年被授予七一勋章

“党员是不退休的，党员要为共产主义奋斗终生。”

2019年11月2日，习近平总书记到上海考察。在杨浦滨江公共空间的“人人屋”党群服务站，黄宝妹对习近平总书记说：“我是工作退休了，党员是不退休的，党员要为共产主义奋斗终生。”习近平总书记称赞她是“国家发展的见证者、参与者、奉献者”。

黄宝妹13岁起在日资裕丰纱厂上工，每天凌晨乘渡船过黄浦江进厂，终日站在纺纱机前照看纱线，手指常被纱线勒出血，稍有不慎就要被“拿摩温”（工头）殴打，搜身后才能下班出厂。

上海解放后，黄宝妹怀着对新中国的信任和对共产党的感激之情，把满腔热情投入生产劳动中。“浪费一两皮辊花，等于三碗白米饭。”为了减少纺纱过程中皮辊花的浪费，黄宝妹探索出了一套“单线巡回、双面照顾、不走回头路”的操作法，使看台能力从看400个纱锭扩大到800个。22岁的黄宝妹从上海30多万名纺纱工人里脱颖而出，成为新中国第一代劳模。

黄宝妹8次受到毛泽东、周恩来、宋庆龄等老一辈党和国家领导人的亲切接见。“纺织工人很光荣，让全国人民有衣穿，责任很重大。”黄宝妹牢记毛泽东主席的嘱托，虚心向行业技术标兵学习，带领工人姐妹一起进步，她管理的三纺细纱车间被评为上海市劳模集体。

26 岁那年，黄宝妹被选拔为干部，可她认为自己是纺织女工，留在生产一线更能发挥作用。就这样，黄宝妹在车间工作了 42 年，直到退休。

退休后，黄宝妹到石河子市协助筹建棉纺厂，从厂房设计到设备购买，从人员挑选到技术培训，兢兢业业、亲力亲为，却不领一分工资。1994 年，黄宝妹看到一些退休早的劳模家庭经济状况不好，便牵头 20 多位离退休劳模集资成立了上海英豪科技实业公司，劳模们约定，企业不分红，利润拿出来帮助有困难的老劳模。

2006 年，黄宝妹发现小区业委会历经 3 年还没建起来，像年轻时候说服工厂姐妹们一样，“黄妈妈”用“绣花”功夫说服社区居民积极参与家园建设，小区终于成立了业委会。

“只要我还能走得动，就会继续讲好党的故事，讲好中国故事！”黄宝妹参加了上海市“百老德育讲师团”，耄耋之年在哔哩哔哩“老杨树宣讲汇”直播间当“UP 主”，为年轻人讲党课，宣讲劳模精神和党的优良传统。不少听过黄宝妹讲座的人说：“黄奶奶的人生故事和道德风采，就是一本鲜活的书。在她身上，爱国主义不再是抽象空洞的概念，而是可触摸、可感悟的。”

从“黄姑娘”“黄妈妈”到一头银发的“黄奶奶”，从纺纱世界里走出来的“神仙女”，继续在生活的洪流中发光发热。

尉凤英

『毛主席的好工人』

尉凤英，1933 年生

被党中央命名为“毛主席的好工人”

1956 年、1959 年全国先进生产者

> “一生别总想‘我’字，想多了，这个人就完了。”

“一个人美不美，不在于他穿的什么，戴的什么，而在于他想的是什么，做的是什么。”“一生别总想‘我’字，想多了，这个人就完了。”这是尉凤英常说的话，简单而质朴的话语，却道出了人生的最高境界。

有一次，一位冲床的工友在送料时压断了一节手指头。尉凤英就想做一个自动送料器，这样既可以防止事故的发生，又可以提高工作效率。当天，尉凤英向工厂附近的商店要了一些旧纸盒，回到宿舍，就动手做起模型来。当时恰逢中秋节，尉凤英妈妈喊她回家吃饭。在那个物资匮乏的年代，香喷喷的猪蹄会让所有人垂涎欲滴，然而看到猪蹄的尉凤英却怔住了，她问妈妈：“猪蹄为什么能打弯？”尉妈妈好气又好笑地说：“因为骨头上有筋。”“筋？对，筋就是弹簧！”受猪蹄的启发，尉凤英想到在自动送料机器上加个弹簧，就能解决自动打弯送料的问题。于是她放下碗筷，拔脚就冲出屋外。

夜深人静，尉凤英仍在车间里试验。这已经是第 10 次试验了。送料器有两节钢丝绳，使用细的，只开动几下，就被拉断了；换用粗的，钢丝绳虽然不断了，可送料器上的送料板又被拉弯了。进行第 11

次试验时，尉凤英换上一个车链子，又加上两节弹簧，用脚一踩冲床的脚闸，机器立即发出了有节奏的响声，自动送料器终于试制成功了！凭着这种埋头苦干的精神与不断革新取得的成果，入厂仅 3 年，她就被评选为全国劳动模范。

“一个人的力量是微小的，只有群众的力量才能移山倒海。”1957 年，尉凤英在党支部书记的支持下，把大家组织起来，成立业余红专小组，组织大家学习毛主席著作、交流技术、开展技术革新。1958 年，业余红专小组被命名为“尉凤英业余红专大队”，在她的带领下，全厂先后成立 130 多个红专小组，有 1000 多人参加。1957 年至 1965 年，尉凤英业余红专大队共进行技术革新和设备改造 707 项。

1965 年，尉凤英被国务院命名为“毛主席的好工人”，成为全国人民学习的榜样，曾先后 13 次受到毛泽东主席的接见。

1965 年 10 月 22 日，《人民日报》发表《向毛主席的好工人尉凤英同志学习》的社论，中华全国总工会举办尉凤英事迹展览会，从此“毛主席的好工人尉凤英”享誉全国。

1993 年，60 岁的尉凤英从工厂退休，褪去崇高的社会荣誉和政治地位的她，仍然发挥着余热，奉献着自己。她经常受邀到各机关、部队、企业和学校作报告，还担任了几十所大、中、小学的校外辅导员、德育教师和名誉校长。她说：“要将艰苦奋斗、无私奉献的光荣传统传播给更多的人和年轻一代，努力为改革开放、振兴东北老工业基地作贡献。”

马毛姐

渡江战役一等功臣

马毛姐，1935 年生

解放战争时期支前英模的杰出代表

被授予一等渡江功臣、支前模范

2021 年被授予七一勋章

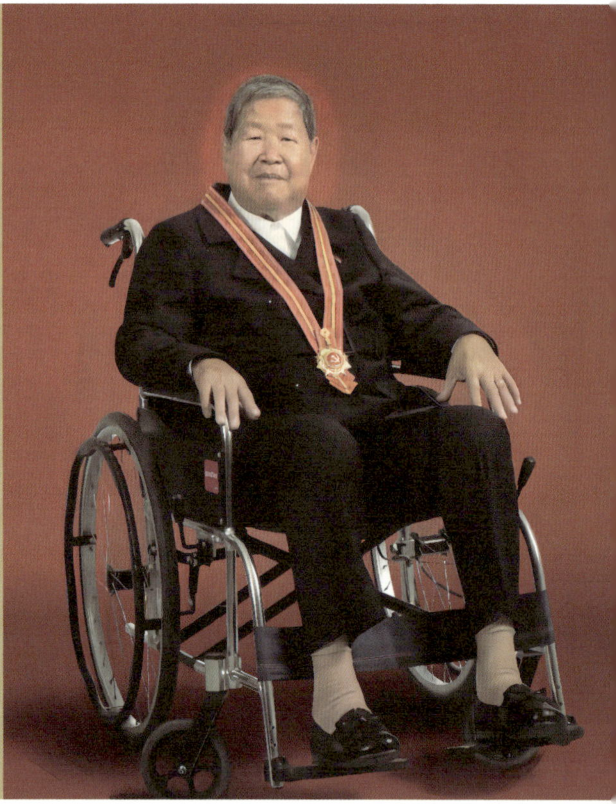

“我要过江，到南京去抓蒋介石！”

1935 年 9 月，安徽无为县马家坝村的一户贫苦渔民家庭添了一个女娃，这是家里的第三个孩子，家人和乡亲们都叫她“三姐”。

1949 年 2 月，南下的中国人民解放军解放了长江北岸的无为地区。一天，年仅 14 岁的马毛姐看到一张征集渡江所用民船的布告，高兴得连蹦带跳跑回家找她哥哥。“我要过江，到南京去抓蒋介石！”她和大哥一商量，瞒着爸妈就跑到离家 20 里的凤凰颈船舶站报了名，要在大军渡江时当水手。

1949 年 4 月 20 日夜，渡江战役正式打响，中国人民解放军在西起江西湖口、东至江苏江阴的千里战线上强渡长江。其中百万雄师“渡江第一船”就是从无为县白茆洲出发的。当天晚上，马毛姐和哥哥划船与其他 3 条船组成渡江突击队，可是，由于年龄太小，船上的解放军硬是把她“赶”下了船。

马毛姐没有离开，她躲到旁边的芦苇丛里。当渡江的第一颗信号弹升起时，马毛姐飞快地捡起一根撑船的长篙朝地上一点，猛地跃起，刚好落到哥哥驾驶的那只木船船尾。

船只快速地向长江南岸破浪前进，照明弹让江面如同白昼。垂死挣扎的敌人不甘心失败的命运，向江上的船只猛烈开炮和扫射。突然，一颗子弹打中了马毛姐的右臂，她咬着牙坚持，没有叫出一声。40 多分钟后，船只到达长江南岸，马毛姐成为第一批抵达南岸的渡江突击队员。

就在那一晚，马毛姐兄妹俩来回横渡长江六趟，运送三批解放军到达南岸。渡江战役胜利结束后，无为召开盛大的庆功大会，马毛姐被巢湖军分区支前司令部授予一等功臣称号，在所有受到表彰的渡江支前英雄模范中，马毛姐是年龄最小的一位。

1951 年 9 月，马毛姐收到毛泽东主席的请柬赴北京参加国庆观礼活动。当毛主席得知马毛姐还没有正式名字后，特地用自己的姓，为她取了“马毛姐”这个好听的名字。临别之际，毛主席赠送马毛姐生活和学习用品，还有一个精致的笔记本，并在扉页亲笔题词“好好学习，天天向上”。从北京载誉归来后，马毛姐努力学习科学文化知识，1954 年光荣加入中国共产党，1957 年速成中学毕业后，被分配到合肥参加社会主义建设。1958 年，毛主席视察安徽，再次见到马毛姐，语重心长地鼓励她：“要在工作和学习上争当模范、作好表率……”马毛姐牢记毛主席的教导，不挑岗位、不讲待遇，先后在麻纺厂、针织厂、被服厂、帽厂、东风服装厂等单位工作，无论是当工人，还是当公司副经理、工会主席，她都勤勤恳恳、任劳任怨，凭借出色的成绩，赢得身边同事的称赞。她说：“不管到什么时候，我们都不能忘记历史，要建设好我们的国家！”

郝建秀

永远发挥『火车头』的作用

郝建秀，1935 年生

全国纺织行业第一个细纱工作法创立者

1951 年全国纺织工业劳动模范

> “我只是新中国纺织战线上一名普通的劳动者。如果说我们那一代人身上有什么共同之处，那就是对工作无私奉献，对祖国一腔热忱。”

1949年6月青岛解放后，为了尽快恢复生产，各大纺织厂都要招收一批工人。13岁的郝建秀积极报名，同年9月来到青岛国棉六厂细纱车间，成为新中国第一代纺织工人的一员。

“我一定要把技术搞上去。”郝建秀初入车间就下定了这样的决心。因为缺乏经验找不到干活技巧，郝建秀有时会受到批评。她不想拖集体后腿，就每天下班后反省不足，总结经验，想解决办法，第二天再去车间实践。渐渐地，老工人发现每次过磅称量皮辊花时，郝建秀总是比别人少。皮辊花出得少，说明纱的质量好、产量高、消耗低。

在连续7个月创造了皮辊花率平均0.25%的成绩后，青岛国棉六厂掀起向郝建秀学习的热潮。在当时，全国纺织行业细纱车工的皮辊花率平均1.5%。她的成绩引起了纺织工业部和纺织工会的重视，中国纺织工会全国委员会专门召集技术人员组成研究小组，对郝建秀值车过程进行跟踪观察、逐项测定和分析总结。经过反复调查研究，全国纺织行业第一个细纱工作法——“郝建秀工作法”诞生。

此后，“郝建秀工作法”在全国纺织行业中进行推广，并成为培训细纱值车工的基本教材。她通过自己的努力，为全国纺织行业作出巨大贡献。1951年，郝建秀被授予“全国纺织工业劳动模范”称号，郝建秀小组被授予“永远发挥火车头的作用”锦旗。

1954年9月15日至28日，全国人民代表大会第一届第一次会议在北京隆重举行，郝建秀作为代表参会。她回忆说：“我出生于1935年11月，普选那年，刚够参加选举和被选举的年龄。能被选上我特别高兴。在第一届全国人民代表大会上我激动万分，随大家一起鼓掌，等开完会才发现两只手都拍肿了。”

年少成名的郝建秀从没有停止前进的脚步。她先后进入中国人民大学速成中学、华东纺织工学院纺织工程系棉织专业学习。毕业后，领导找她了解日后工作的想法，她说：“希望所学专业可以和工作对口。”就这样，郝建秀又回到青岛国棉六厂担任技术员。

有人称赞说，郝建秀是中国纺织大军的“火车头”，一个人改变了整个纺织业。可郝建秀说，她只是新中国纺织战线上一名普通的劳动者。如果说他们那一代人身上有什么共同之处，那就是对工作无私奉献，对祖国一腔热忱。

赵春娥

为人民服务一辈子

赵春娥（1935—1982 年）

原洛阳老集煤场工人

1983 年被国务院追授全国劳动模范称号

> 只要群众能买到煤，自己受苦挨点儿批算什么，多搞生产我看啥时候都不会错。

20 世纪 80 年代初期，洛阳一名普通女工的去世在全国引起了巨大反响，她就是赵春娥，原洛阳老集煤场的一名普通女工。时至今日，她的名字仍是那个时代的闪光印记。

1966 年初，31 岁的赵春娥进入老集煤场当工人，从此和煤打了一辈子交道。在煤场的 16 年，她当过生产工，在火车站扫过煤、看过煤堆，还当过煤场的现场工，她从不挑三拣四、嫌脏怕累。1971 年至 1972 年，赵春娥负责看护长期放在火车站货场的煤。她总是大清早第一个到货场，天黑了最后一个离开，把煤扫得干干净净，就连洒进道轨下石头缝里的煤都抠了出来，手指头磨破了皮，渗出了血。那些经常在火车站“拾煤”的人指着她骂：“你咋恁会扫哩，跟舔的一样，再一辈子还叫你扫煤！”赵春娥毫不示弱：“国家的煤，我就要扫干净。”

“文化大革命”期间，煤场生产不正常，群众买煤难。赵春娥急群众所急，加班加点工作，有时连续干两个班。有人对她冷嘲热讽：“光拉车，不看路。”她反驳说：“只要群众能买到煤，自己受苦挨点儿批算什么，多搞生产我看啥时候都不会错。”

除本职工作外，赵春娥主动到煤场附近为孤寡老人、军烈属、支边援外家属送煤、拆洗被褥。1968 年冬的一天，大雪纷飞，她和几位同事冒雪给一位双目失明的老人送煤，发现老人屋顶有破洞，风夹着雪花往屋里灌，床上的被褥又脏又薄。她当即把被褥抱回家洗净烤干，添上自己的棉花，缝好送去。第二天，她又和同事把老人的房子修好。她给大家做好事，可她自己家里修房子时，没误过一天班。大儿子结婚，她还是在别人的提醒下才提前两个小时回家料理。

赵春娥身患肝炎、胃溃疡等多种慢性病，仍一心扑在工作上。医生已经给她开了请假条，她却一声不响地照常上班。1977 年 11 月，她胃病发作引起胃出血，医生让她住院治疗。她人在医院，心在煤场，住了 6 天院，偷偷跑回煤场三四次。

1982 年 4 月 20 日，赵春娥的病情已十分严重，她照例一大早来到煤场，在打扫院内卫生时突然吐血。被送到医院后，她对爱人说："我恐怕不行了，我死后，不要给组织添麻烦，我喜欢煤场，也离不开煤场，把我的骨灰撒在煤场，让我看煤……"

1982 年 4 月 21 日 5 时 15 分，赵春娥与世长辞，年仅 47 岁。躺在病床上的她，双手双脚还沾着煤灰。

赵梦桃

纺织战线的一面旗帜

赵梦桃（1935—1963 年）

带领“赵梦桃小组”成为纺织战线的一面旗帜

1956 年、1959 年全国先进生产者

> 我们要把每一个同志心里的火扇旺！不让一个伙伴掉队，不让周围有一个掉队的小组！

1935 年 11 月，赵梦桃出生于河南洛阳一个贫苦家庭。1951 年，筹建中的西北国棉一厂招考培训工，16 岁的赵梦桃通过考试成为其中一名学徒工。1952 年 5 月，工厂正式开工投产，赵梦桃成为该厂一名细纱值车工。“好好干！下苦干！老实干！”这句话是赵梦桃进厂后的口头禅，而她也用自己的实际行动实践着这句话。在学习“郝建秀工作法”活动中，赵梦桃以最优异的成绩第一个戴上了“郝建秀红围腰”。进厂不到两年，她就创造了千锭小时断头只有 55 根、皮辊花率 0.189% 的好成绩。她第一个响应厂党委“扩台扩锭”的号召，看车能力从 200 锭扩大到 600 锭，生产效率提高了 2 倍。由于在工作中表现突出，赵梦桃被评为劳动模范，并在 1953 年出席了全国纺织系统劳模大会。

1956 年 9 月，赵梦桃出席党的八大，见到了来自各行各业的先进党员。回来后，她说：“我们要把每一个同志心里的火扇旺！不让一个伙伴掉队，不让周围有一个掉队的小组！”刚调来的值车工技术不熟练，别的同志不愿意带，赵梦桃主动去带；遇到用着不顺手的纺纱车，赵梦桃就主动将自己调试顺手的好车让给别人，自己去看难开的“老虎车”；看见有的姐妹上班时精神不好，赵梦桃就从各方面了解情况，利用休息日去家访；在一次开会期间，她学会了用双手绞皮辊花，便立即把这个先进经验传授给其他伙伴，使之在全厂和陕西省的各个纺织厂开花结果……在她的影响和带动下，有 10 多位姐妹成为企业的先进工作者，她带领的小组“人人当先进、个个争劳模”蔚然成风。

1952 年至 1959 年，赵梦桃创造了月月完成生产计划、年年均衡生产的好成绩，仅节约白花就 1200 多公斤。为了提高棉布质量，赵梦桃摸索出一套科学的巡回清洁检查操作法，使细纱车的清洁能力大大提高，断头减少了 2/3，粗细节坏纱减少了 70% 左右，对提高棉纱条干均匀度和棉布质量起了重要作用。1956 年和 1959 年，她分别出席全国先进生产者代表会议和全国群英会，被授予全国先进生产者称号，成为纺织战线的一面旗帜。

1963 年 6 月 23 日，由于旧疾复发赵梦桃病逝，年仅 28 岁。

赵梦桃工作期间所倡导的“高标准、严要求、行动快、工作实、抢困难、送方便”和“不让一个伙伴掉队”的思想品德，被概括为“梦桃精神”，成为一代又一代纺织人的宝贵精神财富。2009 年 9 月，在全国“双百人物”评选中，赵梦桃被评为“100 位新中国成立以来感动中国人物”和“时代领跑者——新中国成立以来最具影响的劳动模范”。2019 年 9 月，在新中国成立 70 周年前夕，赵梦桃又被中宣部、中组部、中央统战部等九部门联合授予“最美奋斗者”称号。

瞿兰香

为革命多纺纱纺好纱

瞿兰香，1936 年生

创造出每分钟接头 24 根无白点的全国纪录

1959 年全国先进生产者；1979 年全国劳动模范

“没有共产党就没有新中国，没有新中国，我们这些工人就不可能拥有自我发展的权利，更不可能取得任何成就。我的一切都是党给的，我这一辈子都要坚定不移地做党的忠诚战士。”

1948 年，12 岁的瞿兰香进入九江兴中纱厂细纱车间当童工，一天“两头摸黑”要上 12 个小时的班。1949 年新中国成立后，开始实行 8 小时工作制。“工人阶级的地位，特别是女工的地位，大大地提高了，男女平等了。”

在瞿兰香的心中，只有一个愿望，就是“一心一意为革命多纺纱，纺好纱，不断创新，不断成长”。1952 年，她在厂里带头学习先进工作法，进一步革新技术，首次将个人值车能力由 400 个纱锭提高到 1200 个。她还自创了“细纱值车工巡回工作法”和“细纱接头单指挽纱平挑操作法”，把每分钟接头 18 根提高到 24 根。瞿兰香并不满足，继续在手指头上“动脑筋”，于 20 世纪 60 年代在实操中创下了接 10 个头只用 26 秒的最高纪录。

在瞿兰香的记忆里，有两次外出学习交流的经历印象特别深刻。一次是 1964 年，她跟随江西省组织的代表团赴上海国棉五厂学习先进技术。那时候，纺织技术最好的是上海，全国的纺织女工都去上海学习。学习一个星期后，她就超过了上海工人的水平，此后几天，瞿兰香就在上海的厂区内，每天上午和下午公开示范怎样接头，让上海工人和来自全国各地的工友观摩学习。同年，上海市举行国庆纪念大会，瞿兰香还被邀请登上观礼台，成为江西省两名重要嘉宾之一。另一次是1966年，陈毅元帅夫人张茜率中柬友好代表团出访柬埔寨。组团时特别选了一位农业劳动模范和一位工业劳动模范，瞿兰香作为工业劳动模范入选。那时候中国帮柬埔寨建立了一个纺织厂，瞿兰香作为纺织专家出访柬埔寨，指导当地的纺织女工。

瞿兰香一直是快速、高产、优质、出满勤的佼佼者。她出生于旧社会，成长于新中国，经常以自身的经历作为蓝本，向家中儿孙后辈和身边年轻人，以及来访的记者、工作人员等讲述中国共产党的伟大，讲述社会主义制度和人民代表大会制度的优越性。她常说："没有共产党就没有新中国，没有新中国，我们这些工人就不可能拥有自我发展的权利，更不可能取得任何成就。我的一切都是党给的，我这一辈子都要坚定不移地做党的忠诚战士。"

贰

科学之光

唐嗣孝

中国第一个女炼焦车间主任

唐嗣孝，1927 年生

中国第一个女炼焦车间主任

首次利用旧焦炉试制成功沥青焦

1956 年、1959 年两次获评全国先进生产者；

1979 年全国劳动模范

“组织上叫干什么就干什么，有多大的困难都行，什么都干，苦不苦根本都不想这些。”

1950年，23岁的唐嗣孝以优异成绩毕业于四川大学理学院化学系，成为鞍钢的一名焦炉调火技术员。很快，这位初出茅庐的大学生以出色的劳动成绩享誉鞍钢。1953年，唐嗣孝成长为我国第一个女炼焦车间主任。

1957年，唐嗣孝带着支援包钢建设的神圣使命，来到了当时还是一片荒芜的包钢建设工地，继续致力于她的炼焦事业。每天从早到晚，她和工人们冒着风沙奋战在施工一线。从焦炉建设到投产，唐嗣孝倾注了大量的心血和汗水，与焦炉结下了不解之缘，被焦化厂职工誉为“身不离焦炉、心不离焦炉”的好干部。

在唐嗣孝等老一代建设者们的艰苦努力下，1959年，包钢1号高炉成功出铁。包钢焦炉投产后，用煤大部分要从外省运进，内蒙古煤只占10%。当时，一种外国炼焦技术理论禁锢了人们的思想。这种理论认为，炼焦必须以焦煤为主，焦煤、气煤、肥煤、瘦煤都应保持固定的比例，不能加以改变。当时，内蒙古的煤多是气煤和肥煤，且质量不好。身为包钢焦化厂副总工程师的唐嗣孝和同事决心改变这个比例，既要降低焦煤成本，也要缓解铁路运输压力，还要利于内蒙古煤矿工业发展。

唐嗣孝在抓好生产管理的同时，还十分善于钻研，攻克了一个又一个炼焦难题。在担任包钢焦化厂副厂长期间，为了用内蒙古自产的非焦煤炼出合格的焦，她带领科技人员深入内蒙古、宁夏等地的多个煤矿进行煤炭资源调查，先后组织各种配煤方案炼焦试验 300 多次，终于在 1965 年完成了这一重大技术革新，为内蒙古炼焦工业开辟了一条新路。原料煤中内蒙古煤的配比率由最初的 10% 提高到 51.1%，最高可达 70%，配煤的运输距离从原来的 1000 多公里缩短到 700 公里；每吨配煤成本降低 2.25 元。该方案的确定，极大地促进了内蒙古经济的发展，当年包钢焦化厂产量、质量、利润就达到全国焦化行业一流水平。1972 年，包钢的 4 座焦炉因受到严重破坏，直接影响了正常生产，唐嗣孝一边组织人员维修焦炉，一边恢复和建立各项管理制度，终于使生产步入正轨，1977 年实现扭亏增盈。1979 年，包钢焦化厂的 4 座焦炉全部达到冶金工业部制定的“无烟炉”标准，1980 年又晋升为“红旗炉”。1981 年，包钢焦化厂焦炉作业率达到 98.7%，实现了稳产、高产，荣获冶金工业部“生产立功厂”荣誉称号。

1983 年，唐嗣孝担任包钢副总工程师，离开了焦炉，但是她的心却留在焦炉，又先后组织了提高焦炭质量的攻关，制定了包钢 5# 焦炉和焦炉煤气净化工艺建设改造方案，从审查设计到建成投产全程投入，一丝不苟的工作作风给后辈留下深刻印象。

唐嗣孝退休后，她对包钢始终有着一种割舍不下的感情。离开工作岗位后，她仍然通过电视、报纸等媒体，关注着包钢的发展变化，关注着她倾注了心血和汗水的炼焦事业。

屠呦呦

用中医药造福世界

屠呦呦，1930 年生

中国首位诺贝尔生理学或医学奖获得者

带领团队研究发现了青蒿素，解决了抗疟治疗失效难题

1995 年全国先进工作者；2018 年被授予“改革先锋”称号；2019 年被授予共和国勋章

“青蒿素是人类征服疟疾进程中的一小步，是中国传统医药献给世界的一份礼物。我们要把青蒿素研发做透，让青蒿素更好地造福人类。”

2015 年 10 月 5 日，瑞典卡罗琳医学院宣布将诺贝尔生理学或医学奖授予屠呦呦以及另外两名科学家，以表彰他们在寄生虫疾病治疗研究方面取得的成就。这是中国医学界迄今为止获得的最高国际奖项，也是中医药成果获得的最高国际奖项。

1955 年从北京医学院（今北京大学医学部）药学系毕业后，屠呦呦被分配到卫生部中医研究院（今中国中医科学院）中药研究所工作。1959 年，屠呦呦积极响应关于“西医离职学习中医”的号召，参加了为期两年半的第三期“西学中班”，系统地学习了中医药理论。这为她以后的研究打下了坚实的中医药理论基础。

20 世纪 60 年代，在氯喹抗疟失效、人类饱受疟疾之害的情况下，在中医研究院中药研究所任研究实习员的屠呦呦于 1969 年接受了国家疟疾防治项目“523”办公室抗疟研究任务，并担任中药抗疟组组长。由于当时的科研设备比较陈旧，科研水平也达不到国际一流水平，不少人认为这个任务难以完成。屠呦呦敢于担当，深感国家对她的信任和责任的重大，决心完成这项艰巨的任务。

通过整理中医药典籍、走访名老中医，她汇集了 640 余种治疗疟疾的中药单秘验方，并通过“523”办公室让全国“523”团队了解这些单秘验方。在青蒿提取物实验药效不稳定的情况下，东晋葛洪所著《肘后备急方》对青蒿抗疟的记载“青蒿一握，以水二升渍，绞取汁，尽服之”给了她新的灵感。她通过改用低沸点溶剂的提取方法，于1971年富集了青蒿的抗疟组分。随后，其团队于1972年发现了青蒿素。她为了让青蒿抗疟有效组分早日用于临床，曾给组织上写报告说：“我是组长，我有责任第一个试药！”在她的感召下，同事们也争相参与，团结协作完成了药物人体试服。1977年，青蒿素结构在《科学通报》上首次公开发表。1981年10月，中国在世界卫生组织举办的青蒿素国际会议上首次向世界全面介绍了青蒿素研究成果，屠呦呦代表课题组以《青蒿素的化学研究》为题做首场报告。1986年，青蒿素获得中国新药审批办法实施以来的第一个新药证书。

青蒿素的发现，为世界带来了一种全新的抗疟药。以青蒿素为基础的联合疗法已经成为疟疾的全球标准治疗方法，在过去的20多年间，青蒿素联合疗法在全球疟疾流行地区广泛使用。据世界卫生组织统计，青蒿素作为一线抗疟药物，在全世界已挽救数百万人的生命，每年治疗患者数亿人。

吴明珠

科研的道路上一往无前

吴明珠，1930 年生

中国工程院院士，瓜类育种专家

新疆西瓜、甜瓜品质改良的奠基者

1992 年全国先进生产者

“要想扎根新疆，我必须要过五关——生活关、劳动关、气候关、语言关和家庭关。”

“到了你向往的边疆广阔天地，可以尽情地展翅飞翔，飞吧，飞吧！”吴明珠在乌鲁木齐地委经过软磨硬缠，最后终于落脚到最基层的吐鲁番盆地鄯善县农技站工作。从梳着两条大辫子的年轻姑娘到银丝满头的老太太，她坚忍不拔，一干就是 50 多年。

吐鲁番是全国夏季温度最高的地区，有名的火洲。吴明珠说：“在当时的条件下，要想扎根新疆，我必须要过五关——生活关、劳动关、气候关、语言关和家庭关。”50 多年来，吴明珠每年夏季都在吐鲁番盆地工作。1958 年夏，吴明珠怀第一个孩子时，正在葡萄产区吐峪沟蹲点，这里处在火焰山口的峡谷地带，温度特别高，白天走廊下挂的温度计显示 51 摄氏度，晚上点蜡烛看书和整理材料，蜡烛热得都弯腰了。蜡烛点不成，吴明珠想办法用碗扣在一盆水里降温，在碗底上放蜡烛，蜡烛就不弯腰了，这样就能坚持学习了。在夏季甜瓜成熟时，为了调查收集品种资源，她在各族瓜农的支持下经常冒着高温进行工作。坚持不懈用 3 年时间，走遍了地区的 300 多个生产队，一块瓜地一块瓜地调查，共收集 100 多份资源，整理出 44 个品种，这些成为以后育种的基本材料。

吴明珠最早开始新疆西瓜、甜瓜地方品种资源的收集和整理，挽救了一批濒临绝迹的资源，并建立了西瓜、甜瓜育种和无土栽培的技术创新体系。

吴明珠主持选育的西瓜和甜瓜早、中、晚熟配套品种达30个，提高了新疆商品瓜的品质及整齐度、抗病性和耐运性。她在国内率先采用原生态、远地域、多亲复合杂交、回交及辐射育种等技术，选育出一批新的种质资源。利用生态差异，长期在海南和新疆两地进行南北选育，创造了一年四季高速育种的成功实践，培育出一批适应我国北部、南部设施栽培的改良型哈密瓜新品种，如“金凤凰”“绿宝石”“雪里红”等，深受广大农民的欢迎，使很多瓜农致富，并涌现出一批甜瓜、西瓜致富村。同时，她将选育的甜瓜、西瓜亲本材料无偿提供给全国瓜界的同行，培育出各种类型的甜瓜、西瓜新品种。

在多年的科研实践中，吴明珠总结出一套完整的育种创新体系，从农家品种的收集整理、提纯复壮到常规育种、多亲复合杂交育种及杂优利用、辐射育种、生物技术转基因育种及航天育种等。她总是站在科技前沿，根据市场需要，不断调整育种目标，改进育种手段和方式，充实、完善育种体系。之后又建立起特有的脆肉型甜瓜无土栽培体系，将大陆性气候特产哈密瓜南移至广东、海南，东移至上海、浙江等地进行商品性生产试验，获得成功并广泛推广，填补了国内外哈密瓜无土栽培的空白，使哈密瓜种植走出新疆，面向世界。

王静康

提人生之纯　结学术之晶

王静康，1938 年生

中国工程院院士，工业结晶专家

1997 年获评全国五一劳动奖章；2010 年全国先进工作者

> “实验是一个摸索的过程，这一过程的数据做实了，在企业‘真刀真枪’的生产线上才能一次投产成功。”

“一次试车成功”，这是业界的奇迹。奇迹背后则是王静康的执着与拼搏。

王静康带领团队让“中国结晶”一次次改写世界结晶产业格局，推动我国工业结晶研发跻身世界前沿。作为项目负责人，她带领团队连续承担并完成了国家“七五”至“十二五”工业结晶领域的重大科技攻关及科技支撑计划项目，均完成了产业转化。在科研战场上，她是“党员科学家”，是科技强国的追梦人，一次次踢开国外“卡脖子”的绊脚石。“不能受制于人”是她毕生的信念，无论是“七五”攻关连续3年失败时心急如焚，还是“八五”后期过度劳累导致甲状腺疾病复发引发的心脏房颤，都丝毫没有动摇她科技报国的信念。所有报考王静康的研究生在与她见面时都会听到这样一句话：“做我的研究生，没有寒暑假，没有节假日。因为我们的项目是国家项目，直接影响着国家急需发展产业的竞争力。”她将至诚报国的理念代代相传，“国家责任重于一切”已经成为每一个学生秉承的信念。

“王老师”是王静康最珍视、最喜欢的称呼。她不仅教书，更把育人放在首位，是塑造灵魂的大先生。从教六十载，她将国家至上、人民至上的理念作为对学生的不渝要求。2015 年，天津大学化工学院搬迁，年近八旬的她并没有因为往返 40 公里的长途跋涉而阻隔她去新校区给本科生上课。无论刮风下雨，无论春秋冬夏，她都会准时出现在三尺讲台。她把团队的基础研究、技术创新和产业化系列成果以及研究教训融入教学之中，用大量的案例进行启发式教学。她带领团队探索“新工科”与“卓越化学工程师培养计划”结合的育人模式，形成思政育人、科研育人、国际化育人体系，为我国化工行业源源不断输送人才。她带领的天津大学化工学院化学工程与技术教师团队入选了教育部首批“全国高校黄大年式教师团队”。

“时不我待，舍我其谁”，这是王静康近六十年工作状态的写照。“化工是一个国家科技发展的基础。我要尽最大努力支持和帮助年轻的科学家早日获得诺贝尔奖，为中华民族伟大复兴贡献力量。”耄耋之年的王静康目光所向，是科学和人才造福国家与民族长远的未来。即使在病床上，她时刻不忘自己作为一名共产党员的责任与担当。“胸怀大局、心有大我”，她是追梦人，更是铸梦者，在实现中华民族伟大复兴中国梦的道路上，她一直砥砺奋进，忘我前行。

卢光琇

丹心育桃李　润物细无声

卢光琇，1939 年生

中国人类生殖与干细胞工程创始人之一，带领团队人工助孕诞生 23 万多名健康婴儿

1989 年、2009 年分别获国家科学技术进步奖二等奖；2004 年获评全国五一劳动奖章

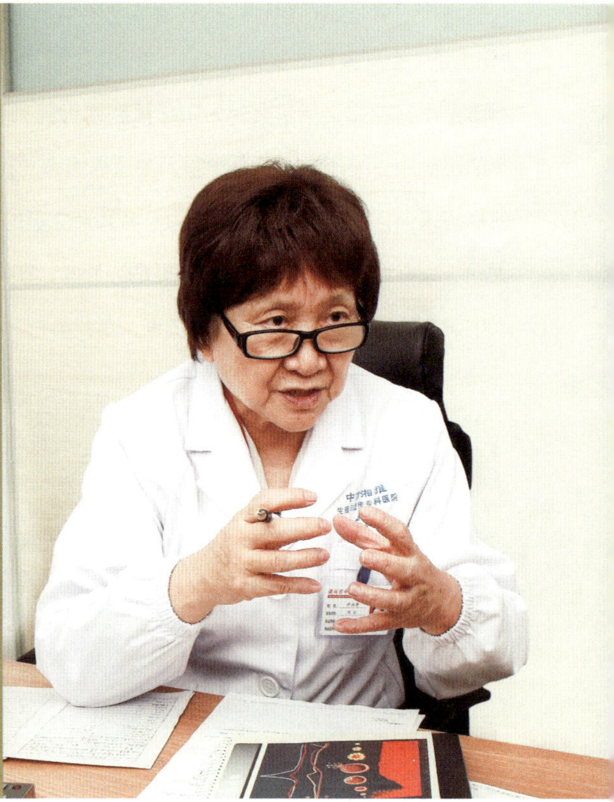

> “无论去哪儿，将来一定要用毕生所学报效国家。”

大多数人眼中的卢光琇，是中国生殖医学的创始人之一，是天下“儿女最多的妈妈”。她是一位有 40 余年教龄，深受学生爱戴的教师，截至 2024 年 11 月，她和她的团队先后培养了 24 名博士后研究生、129 名博士研究生和 338 名硕士研究生，桃李芬芳，春晖四方，在生殖、遗传、干细胞研究领域取得了一系列突出成就。1981 年建立国内首个人类精子库，1983 年指导孕育国内首例冷冻精液人工授精婴儿，1988 年指导孕育国内首例供胚移植试管婴儿，2012 年指导孕育国际首批经全基因组测序技术的 PGD/PGS 试管婴儿，2015 年指导孕育国内首例“无癌宝宝”……至今，她带领团队已助孕出生 23 万多名试管婴儿，给无数家庭带来希望。她率领团队构建了世界首个人类克隆胚胎和国内首株人胚胎干细胞系，引发全世界关注。

2023 年 4 月 4 日下午，中南大学的本科生聆听了一堂特殊的课——84 岁的卢光琇带来的“干细胞第一课”。两个半小时的课程，她全程站立，从克隆的起源、童第周进行鱼类克隆，到父亲卢惠霖将人克隆作为科学设想提出等，如数家珍、倾囊相授。

“她孜孜不倦的精神、忘我的工作态度，一直给我鞭策。”20 年前，学生谭跃球以优异成绩获得博士学位，卢光琇派他出国深造，临行前语重心长地叮嘱他："无论去哪儿，将来一定要用毕生所学报效国家。"谭跃球牢记在心，学有所成后马上归国，如今已是我国医学遗传学领域的权威专家之一。学生张前军感慨，没有卢老师的严格要求和培养，就没有他的今天。第一次汇报博士课题，他做了充足准备，但刚汇报了 3 页，就被卢光琇问得哑口无言。从理论基础到实验结果，以及细胞拍照所用比例尺等，卢光琇一一指出他的不足，其思维之敏锐、治学之严谨让他终身受用。

卢光琇带领的中信湘雅生殖与遗传专科医院，成为《自然》杂志及《华尔街日报》报道中世界治疗规模最大的辅助生殖机构之一；组建的人类干细胞国家工程研究中心，其胚胎干细胞来源的肝脏细胞治疗急、慢性肝衰竭等研究项目已进行 I/II 期临床实验，实现国际领先。《人民日报》与《中国教育报》分别以《摆脱传统体制束缚，科学创新激发活力》《试管里走出的产学研一体化样板》为题，对其产学研模式作了整版介绍。

"俏也不争春，只把春来报。待到山花烂漫时，她在丛中笑"是卢光琇最喜爱的诗句，也是她毕生桃李天下、以医报国的真实写照。

罗 玲

为城市铺架人间彩虹

罗玲，1940 年出生

被誉为“北京城市立交发展的奠基者和开拓者”

1995 年全国先进工作者；获国家科学技术

进步奖三等奖

“对新鲜事物要满腔热情，要解放思想，要勇于承担风险。”

“北京的桥千姿百态，北京的桥绚丽多彩……”这首歌唱的是20世纪90年代北京城市建设日新月异的面貌。全国工程勘察设计大师罗玲，正是桥梁设计师的杰出代表，被誉为“北京城市立交发展的奠基者和开拓者”。

罗玲出生于土木工程世家，从小耳濡目染，严谨细致、技术创新的基因已融入她的血液。

20世纪70年代，我国的城市立交桥设计刚刚起步。深夜的设计院经常灯火通明，罗玲站在绘图板前聚精会神地画图，一站就是几个小时，匀速移动的鸭嘴笔下线条流畅，没有丝毫的偏差。寂静的办公室里，手摇计算机嘎啦嘎啦地响着，为了按时完成任务，设计团队所有人轮流去摇杆，摇啊摇，摇出了一摞摞计算书，摇出了中国立交桥的坚实基础。

后来，电子计算机开始进入我国，没有专门的程序员，罗玲就带领团队在立交桥设计中学习电算技术。那时全北京只有一个计算中心可以使用计算机，上机时间经常被安排到凌晨两三点，为了争分夺秒完成工作，她经常深更半夜骑车前往，一坚持就是5年，就是在这样艰苦的条件下，打开了复杂结构采用计算辅助设计的大门。

罗玲有一个信条："对新鲜事物要满腔热情，要解放思想，要勇于承担风险。"城市立交桥受地形环境、地下管线影响，有很多异形桥。1981 年，三向受力的复杂结构在国内还是空白，在国外出现过因设计不当造成桥梁崩塌的事故，技术风险很高。罗玲带领团队决心向国际先进技术闯一闯，通过多种结构形式比选，大量公式推导，不同计算模型构建，提出了适合城市环境的预应力混凝土弯梁结构，实现了我国建桥技术的新突破。

2002 年罗玲退休以后，作为行业知名专家，依然活跃在全国城市桥梁安全保障的技术前沿。2015 年，为了最大限度降低对城市交通的影响，北京三元桥桥梁置换工程被要求在 54 小时内完成施工，整体桥梁要置换的面积足足有 6 个篮球场大，难度可想而知。罗玲作为特邀专家全程参与设计和施工，在桥梁置换的关键时期，更是和大家一起吃住在现场，随时解决工程中出现的问题。最终，项目实施仅用 43 小时，完成了 1500 吨桥梁安装置换，该工程被中央电视台列入年度超级工程，创造了国内桥梁建设的奇迹。

罗玲说："看到一座座立交桥拔地而起，交通紧张的状态得到缓解，我感到非常欣慰。科学的道路，现代化的建设是没有止境的，我们还要继续攀登科技高峰。"

李桂莲

『红水河畔的女财神』

李桂莲，1942 年生

创建现代山地高效蔬菜栽培技术

1989 年全国先进工作者

> 搞农业科学研究，必须在田土里写论文。

1964 年，李桂莲毕业于贵州农学院园艺系果蔬专业，被分配到贵州省农科院工作，自此走上了蔬菜育种与栽培技术研究和示范推广之路。近 60 年来，她建立了具有贵州现代山地特色、高效的蔬菜栽培理论和技术体系，带领团队累计示范推广各类错季节蔬菜 8500 多万亩，产量突破 2.5 亿吨，产值 6000 多亿元，为缓解蔬菜淡季供需矛盾，推动农业产业结构调整，促进农业增效和农民增收作出了重大贡献，被老百姓誉为“红水河畔的女财神”“脱贫致富的引路人”。

从 1979 年开始，李桂莲深入罗甸县开展蔬菜栽培研究与示范，创新提出利用低海拔富热地区“天然温室”的气候特点，发展冬春错季节果菜理念，并将这一创新理念运用到生产中，在贵州罗甸、关岭、望谟等县进行示范推广，创建了中国南亚热带区域第一个露地冬春果菜基地，总结出“早果菜地膜加小拱棚栽培技术”“改良地膜栽培技术”等体系，大幅度提早果菜的上市期，大大提高早果菜的产值和市场竞争力，实现贵州早果菜栽培技术的历史性跨越。

在精准扶贫和农村产业革命中，李桂莲倾注了大量心血，带领团队帮助全省 60 多个市（县、区）制定蔬菜产业发展规划和实施方案，开展培训和田间技术指导，帮助建立示范性预冷保鲜库和产地批发市场，指导做好无公害、绿色、有机蔬菜产品认证，引导成立蔬菜协会等农民专业合作经济组织，为实现蔬菜产业增质增效、农民脱贫致富作出重要贡献。

李桂莲十分重视科技人才和乡土人才培养，带领的科研团队涌现出一批优秀的科技骨干，并为各州（市、县）培养了一批拔尖的蔬菜专业技术骨干和乡土人才，用“传帮带”的形式为贵州蔬菜产业发展和技术人才储备打下了坚实基础。

李桂莲把全部精力奉献给了农业科研，数十年如一日奔波在田间地头，不改初衷，把脱贫致富的“金钥匙”交到万千菜农手里，为贵州蔬菜产业的发展、为贵州山区人民脱贫致富，奉献出自己的青春和才华，用自己的辛苦指数兑换群众的幸福指数，谱写了一曲共产党员的奉献之歌。

赵惠娥

荒滩树木匠心树人

赵惠娥，1962 年生

带领师生在盐碱滩垦荒种树的拓荒者

2020 年全国劳动模范

“通过不断切磋、雕琢，培养有道德、有理想、懂理论、懂技术的人才。”

她是一个带领师生在盐碱滩垦荒种树的拓荒者，一个“爱占小便宜”的赵大姐，也是一个在办学投入上出手大方的赵院长。她细腻柔情，引才留才，为教职工子女入学和家属看病跑前跑后，事无巨细。她所做的一切，都是为了培养多样化人才，传承技术技能，促进就业创业，给更多人提供人生出彩的机会。

盐碱滩上种不活树、问题学生不好管、经费不足办学难……自打投身教育这行，赵惠娥遇到的事，没有一件是好办的。1986 年，大学毕业后赵惠娥在等待分配工作期间，去了原宁夏石嘴山联合职业大学代课。一年后，赵惠娥放弃了分配好的银行工作，选择留校任教。2005 年，学校升为本科并更名为宁夏理工学院。2008 年，校长的接力棒递到赵惠娥手中。这一年，迁址后的新校舍要建，背的债要还，办学质量要提升，举步维艰。新校区种树就是个大难题。占地 4500 多亩的新校区，1500 多亩都是盐碱地，还有一些是有“土地癌症”之称的白浆土。10 年间，教职工春天种活树，来年拔死树，在不断试错中总结经验，终于他们找到了一种用砂浆石、酒糟或醋糟回填地下土改良土壤的办法。赵惠娥发动全校教师连夜到附近的酒厂抢购酒糟，改良土质后重新栽植树木，才有了绿树成荫的校园。

旁人眼中行事泼辣的赵惠娥，也有细腻柔情的一面。几年前，学校教师李虹患乳腺癌，得知情况后，赵惠娥赶忙联系银川医院的大夫给她做手术。后来，李虹病情复发，赵惠娥又想方设法帮她找到北京的专家，前前后后地帮忙打点安排，关心同事不遗余力。

在学校乃至宁夏教育界，赵惠娥“爱占小便宜”是出了名的。这些年，只要打听到有单位搬迁，她就提前联系，把这些单位退下来的办公桌椅拉回来。每逢到外面参会，会议结束，桌子上弃置的笔和纸常常被她一扫而光。如此“抠门”的赵惠娥，在投资办学上却一点不含糊。走进学校的新商科、新工科大楼，教学和实验设备大都国内领先。学校每年收入的 70% 都投到教学设备更新换代和师资队伍建设中。

赵惠娥参加工作至今，一直耕耘在教育工作第一线，注重应用型人才的培养，强调知识的基础性、综合性和交叉融合性。为此，学校注重交叉学科的专业设置，重点打造新商科和新工科两个教学平台，涵盖 30 多个专业，探索创新型交叉融合的应用技术人才培养模式。目前学校大部分专业都有校企合作的人才培养项目，实行学校和企业“双导师制”。学生不仅要拿毕业证和学位证，还必须拿到至少 1 个职业技术资格证才能毕业。学校坚持订单式培养，招生即招工，不断根据经济社会发展增设专业，毕业生就业率一直稳定在 90% 以上。38 年来，学校从第一届不足 200 名学生到如今 9 个学科门类 46 个专业、每年 3000 余名毕业生出彩成才，正在经济社会发展各个领域发光发亮。

刘红

把科幻做成科学

刘红，1964 年生

研制出世界上第一个成功的四生物链环人工闭合生态系统“月宫一号”

完成世界上时间最长、闭合度最高的“月宫365”实验

2019 年获评全国五一巾帼奖章

> “每个人心底都有梦想，每天通过奋斗向着梦想的实现更进一步，是人生最幸福的事。”

小时候，刘红喜欢数星星、看月亮，经常会在夏夜昂起头看着月亮，想象这个斑点可能是一棵树，那个斑点可能是一个人。带着孩提时代探索星空的梦想，2004 年，刘红来到北京航空航天大学，开始了漫长的追梦之旅。从一个人、一张实验台开始，从一个公式、一颗种子起步，刘红默默地奋斗着。在她的时间概念里没有周末和节假日，只有周一到周日。有人问她：“这样日复一日的科研工作，没有任何娱乐活动，是不是很枯燥和寂寞？”刘红乐呵呵地说：“做自己感兴趣的事情，奔跑在实现梦想的路上，怎么会寂寞呢？风光无限好，其乐无穷啊！”

10 余年间，刘红带领她的团队突破了 30 余项关键技术。经过反复研究、实验，刘红团队在 1000 多种可食用昆虫中，精选出富含蛋白质的黄粉虫；在种类众多的微生物中，找到生存在寒冷山洞或极热高温地带、在人体体温条件下无法生存的微生物，攻克了一道又一道难关。在搭建“月宫一号”实验装置期间，室外温度 38 摄氏度、舱内温度 40 摄氏度是成员们的常规工作环境，艰苦的工作环境丝毫没有阻止大家的工作热情，复杂的“月宫一号”装置仅在短短 6 个月内就顺利完工。

在北航校园一角，有座白色的圆顶建筑，走进这座神秘的建筑，透过植物舱舷窗望去，一排排架子排列井然有序；在 LED 灯的照射下，架子上的植物绿意盎然，间或点缀着红色或黄色的果实……这就是“月宫一号”生物再生生命保障系统，一个由一个综合舱、两个植物舱组成的密闭空间，总面积 160 平方米，总体积 500 立方米。在这个系统内，刘红带领她的团队在 2018 年完成了世界上时间最长、闭合度最高的生物再生生命保障系统实验。在为期 370 天的实验中，100% 的氧气和水在系统内循环再生，80%的食物循环再生，系统闭合度高达 98%，只有 2% 的外部供给，这为极端条件下人类的生命补给提供了可能，也标志着我国在生物再生生命保障技术领域达到世界领先水平。

“我的人生梦想，就是能将我们的系统真正用到月球上，人类能够在我们的系统里面生存下来。”如今，她和团队一边等待可以将生命保障系统带到地外环境测试的合适机会，一边拓展系统在地面极端条件下的应用性。为了这个伟大的人生梦想，刘红的眼里始终闪耀着光芒，她说：“每天一睁开眼，发现有这么多重要的事情要去做，就会精神抖擞、信心满满。每个人心底都有梦想，每天通过奋斗向着梦想的实现更进一步，是人生最幸福的事。”

陈卉丽

不负历史的『文物医生』

陈卉丽，1965 年生

全国石质文物保护“一号工程”——大足石刻千手观音造像保护工程主要技术负责人之一，并担任石质修复组组长

大足石刻研究院保护工程中心主任，研究馆员

2017 年获评全国五一劳动奖章；2020 年全国先进工作者；2023 年全国五一巾帼标兵

“对很多人来说，大足石刻只是冷冰冰的石头，但是在修复人员心中，它们是有生命的，可以通过内心与它们对话。”

1995 年初，陈卉丽从四川老家调到爱人所在单位重庆大足石刻艺术博物馆工作，从此与文物保护修复工作结下不解之缘。

石质文物修复具有极高的技术含量，为了尽快熟悉业务，陈卉丽边干边学，白天请教同事，晚上啃书本“恶补”，几乎把所有时间和精力都投入工作中。历经 10 余年的苦练，她成为全国知名的石质文物修复专家。2008 年 5 月，她作为单位的现场技术负责人和石质修复组组长带领团队参与全国石质文物保护“一号工程”——大足石刻千手观音造像修复工程。

800 年的风雨侵蚀，使千手观音造像落下岩体风化、金箔开裂、彩绘脱落等 34 种“疾病”，1000 余只手“病症”各不相同，残缺达 440 处，修复的艰巨性在世界上迄今为止尚无先例。8 年间，为了“对症下药”，她和团队整天泡在修复现场和方案堆里，仅编制的修复实施方案就达 1066 个。为了找到最佳修复材料，她和团队用 3 年多时间实验百余次，首创加固材料，使风化石质得到有效加固。在 2014 年修复冲刺阶段，她被观音造像的一只手难住了，跑遍全国 30 多座石窟，翻阅大量佛教典籍，关于这只手，都查无可查。最终她大胆创新——依据造像对称原则，按照另一侧对应手的形态，在断手原有修复孔上，接入一只可拆卸的“新手”。“可拆卸式修复”的独特中国方案诞生了，千手观音造像“金光再现”，开我国大型不可移动文物修复的先河。

文物修复并非大家想象的那样“高大上”，这个工作对工作人员的身心具有极大的考验。他们每天站在高高的脚手架上，长期嗅着刺鼻的材料味儿，粘得一身尘土，或站、或蹲、或躺，有时，一个姿势就要待一整天，再热不能吹空调，再冷不能用烤炉，不但要克服冻疮、蚊虫叮咬、化学试剂过敏等折磨，还要忍受颈椎病、腰椎病等伤痛。更让他们难受的是常常会面临文物保护和家庭亲人之间的艰难抉择。陈卉丽修复千手观音造像的 8 年，正是母亲重病期间，生活无法自理的母亲长期由哥嫂照顾，而她却只有春节能抽两三天回去照顾母亲。在她心中，最大的遗憾就是母亲离世前，她匆匆赶回老家却只陪伴了母亲生命的最后 4 天。作为女儿，对母亲的亏欠是永远无法弥补的遗憾，但是作为一名时刻面对抢救文物生命、承担着大足石刻保护重任的“文物医生”，她却从未后悔过。

如今，陈卉丽仍坚守在文物修复一线，带领团队行走在大足各个石窟，为 5 万余尊进入高速风化期的造像“续命养身”。她用实际行动道出了共产党员的初心和使命，道出了文保人“择一事、终一生”的情怀。

“对话”

问： 您目前主要负责的工作内容是什么？您的工龄有多少年？

陈： 我是大足石刻研究院保护工程中心主任，也是一名普通的文物修复师，主要任务是带领团队负责世界文化遗产大足石刻5万余尊造像的保护与修复工作。

我从事文物保护与修复工作至今已有30年。这些年来无论酷暑寒冬、风霜雨雪，我和团队都一直在工作岗位辛勤劳动、甘于奉献。多年的坚守奉献让我收获了一项项荣誉：获评正高级职称，享受国务院政府特殊津贴，党的二十大代表、中国工会十七大代表、中国妇女十三大代表，荣获全国五一劳动奖章，获评全国先进工作者、全国五一巾帼标兵、全国三八红旗手、全国三八红旗手标兵等荣誉。这些荣誉是对我个人的肯定，也是对大足石刻研究院、对文物工作者群体的肯定。

问： 女性从事这份工作的优势是什么，劣势又是什么？如何克服困难逐渐取得成绩？

陈： 大足石刻作为室外文化遗存，由于其体量宏大、又多分布于地质条件复杂的野外，保护难度大，技术要求高，需要多学科知识，同时相对馆藏文物修复的工作环境更艰苦。要做好大足石刻这类露天大型文物修复，除了专业技能，还需要有超强的耐心和细心、高度的责任心和坚忍的毅力。女性从事这份工作的优势是有真挚的情感、足够的细心、长久的耐心以及超强的毅力；劣势是由于在野外脚手架上工作，女性在生活方面有些不便如上厕所等。还有女性力气偏小，要拿仪器设备到野外工作，会比较吃力一些。

修复文物就像医生给病人治病，首先是体检，然后对症下药。修复大足石刻这类大型露天石质文物不仅要了解历史、考古、美术、地质、材料、化学等知识，还要熟悉石刻、色彩、髹漆、贴金等实用技术。由于我不是文物保护科班出身，刚开始这些对文物保护新兵的我来说，无疑是巨大的挑战。面对困难，我并没有被吓倒，而是边干边学，白天请教同事，晚上啃书本“恶补”，几乎把所有的时间都用到了工作上。

经过不懈努力，我终于成长为能独当一面的文物修复师，在长期的修复实践中，我还总结出“望闻问切”文物病害诊断“四诊法”，可诊断出 20 多种文物病害，准确率高。我也因此被称为“石刻名医”。

现在，我觉得这份工作尽管工作条件艰苦，但让我很快乐，欣喜于、满足于能够近距离触摸文物，欣赏文物的美，让它们延年益寿，重新焕发光彩，自己所有的付出都是非常值得的。今后，我将继续用自己的双手，以不断求索的匠心，呵护文物健康，让古老的文物以健康的身体走向遥远的未来。

问：工作中印象最深刻的、感觉难度挑战最大的是什么？

陈：2008 年 5 月，国家文物局将大足石刻千手观音造像保护列为全国石质文物保护“一号工程”。2008 年 7 月 12 日上午，领导安排我作为大足石刻研究院现场技术负责人参与“一号工程”，我当时心里很激动，感到无比的骄傲和自豪。

说实话，我们老一辈的文物保护工作者做了一辈子的文物保护工作，也没能遇上像大足石刻千手观音修复这样具有挑战性的保护项目，我能参与这个国家“一号工程”的修复，觉得自己非常幸运，同时又感到压力巨大。

工程的复杂性和艰巨性在国内外文物保护工程中属罕见，国内外无成功经验借鉴，我们从来也没介入过像这样集石质、贴金、彩绘于一体的大型不可移动文物的保护修复工作。让我担任石质修复组组长，这意味着我们团队将承担起修复工程中最重要的石质本体修复任务，这种由衷的信任和巨大的压力令我终生难忘。

问：最难忘的工作细节是什么？内心最自豪的工作成就是什么？

陈：“修复文物不是想当然的修饰”，必须坚守文物真实性第一的原则。然而，在修复千手观音主尊像时，我们碰到了难题：主尊像右边前伸的主手自腕部残缺，现存手掌及布帕为后人补塑。为了修复这只手，我们查阅了大量的文献资料，并先后对四川、重庆、河北、山东等地区30多座石窟的观音像进行实地考察，试图找到其修复依据，很遗憾最终也没找到可靠依据。修还是不修成为一个难题。修，就会违背真实性原则；不修，又会极大地影响造像的完整性。

我和同事们不停地研究、讨论、评估，最终我们大胆创新——依据千手观音造像对称原则，按照另一侧对应手的形态，在断手原有修复孔上接入一只可拆卸的“新手”。“可拆卸式修复”的独特中国方案诞生了，这样，在保证造像艺术完整性的同时也为后人修复留下了空间。我和团队一起，8年攻坚克难，使千手观音造像“金光再现”，该工程被评为第三届全国优秀文物维修工程。

问：工作中的创新思路是从哪儿来的？

陈：工作中的创新思路源于：一是对文物的敬畏；二是对文物保护修复工作的热爱；三是勤学习，储备文物保护理论知识；四是勤动手，积累文物保护修复实践案例经验。

问：攻坚克难的动力在哪里？

陈：攻坚克难的动力在于：一是自己的理想信念，一定要把大足石刻保护好；二是对文物保护修复工作的热爱；三是受老一辈文物工作者“择一事、终一生”的情怀影响；四是受大足宝顶山石刻开凿者赵智凤立下的“假使热铁轮于我顶上旋，终不以此苦退失菩提心”誓言的启发。

问：您所在的行业，这些年发生的最大变化有哪些？您的感受是什么？

陈：党的十八大以来，习近平总书记就文物工作发表了系列重要讲话，作出了系列重要指示批示。

一是对文物工作的重视程度前所未有；二是文物保护机构和队伍的建设力度前所未有，据我所知，最近几年全国很多文物保护机构都得到了加强，比如，我们院在重庆市委的关怀下升格为副厅级单位，市属文博单位增加了编制，并且各区县都成立了文物局，市科技局还将我们大足石刻研究院纳入了科研单位序列管理；三是国家对文物保护的投入强度前所未有，仅大足石刻就投入保护经费 2.9 亿元，实施了岩体加固、渗水治理、本体修复等文物保护工程 30 余项，解决了千手观音造像病害、卧佛渗水等一大批老大难问题；四是文物工作所取得的成就前所未有，大足先后建成大足石刻博物馆、文物医院、数字展示中心、监测预警中心和安全技术防范中心等；五是全社会对文物传承利用的关注程度前所未有，文化遗产要在保护中利用、在利用中保护，已经成为全社会的共识；六是科技对文物保护工作的支撑作用更加显著。随着科技的发展，我们对文物病害的诊断和治理更加精准化、科学化，可以利用 X 射线、超声波等高科技手段，发现文物的“内伤”。

在实施修复前，我们还可以借助 3D 打印技术，开展文物虚拟修复，优化治疗方案。在修复过程中，科技也发挥了重要作用，如利用激光清洗技术，治疗文物表面霉斑、水渍等“皮肤病”。此外，我们还利用科技手段，实时监测文物保存状况，对文物健康进行随访，实现文物从抢救性保护向预防性保护的转变。总之，我相信，科技不但会让文物“活下来”，而且更会让它“活起来”。

如今，大足石刻的朋友圈越来越广，除了与意大利开展了逐年深入的联合修复工作，还与日本等国的文化遗产保护机构开展了广泛交流合作；举办了多次包括美国、德国等 10 余个国家和地区的专家参会的国际学术会议，向全世界发出了“中国声音”，以“中国方案”和影响力，凝聚了文物保护广泛共识。

党的十八大以来是文物工作高速发展、形势大好的时期，是全国文物工作者信心满满、斗志昂扬的时期。我作为参与者和见证者，发自内心地感到骄傲和自豪。

每当看到我国文化遗产保护所取得的成绩，我总会感慨万千，脑海中就会不自觉浮现出大足石刻发生的变化。1945 年，著名史学家杨家骆组织的考察团来大足石刻考察，揭开了大足石刻科学考察的序幕。1947 年，著名建筑学家梁思成在普林斯顿大学做学术报告，首次将大足石刻介绍给国际学术界。1952 年，大足石刻研究院的前身县文物保管所成立，当时的文管所仅有两三间房、两三个人，后来经过郭相颖、陈明光等一代又一代文物保护前辈的接续奋斗，大足石刻的保护研究利用取得了长足进步。

在我从事文物保护的 30 年间，工作条件有了翻天覆地的变化。作为亲历者、参与者，我感触颇深。20 世纪 90 年代，工作条件艰苦，很多文物保护点修复的时候连吃饭、喝水都是难题。2005 年冬天我们修复大足妙高山石窟时，公路还未修通，早晨 7 点便启程去修复地点。客货混装的车中，前面坐着我们修复人员，后面车厢里就是工具和修复材料，下车后还得走二三十分钟的泥巴路，晚上 7 点左右才能回到单位，真的是披星戴月。下雨天就更困难了，只有穿筒靴才能到达工作地点。

如今，在以习近平同志为核心的党中央对文物工作的关怀下，国家给予了政策与资金的大力支持，文物区基础设施得到了改善，水和电都安装上了，通往文物保护点的道路修好了。

大足石刻 1999 年成功被列入世界文化遗产名录，2017 年《重庆市大足石刻保护条例》颁布实施。近年来，我和同事在保护好这座“丰碑”的同时，不断深度挖掘大足石刻文化内涵。

在大足石刻当中，你能够感受到一眼阅千年凝望代代相传的精神家园，一步一春秋追寻生生不息的文化根脉，这当中我们能够看到初心，看到信仰，看到敬畏，看到担当，看到执着。

问：您是怎么理解工匠精神，工匠精神又是如何在您的工作中体现的？

陈：工匠精神是一种专注的态度，做事追求极致、不放弃的精神。一个人对自己所从事的工作有敬畏之心，才能真正地热爱并投入其中，为这份工作投入时间和精力。工匠身上也体现了传统文化的精髓：严谨、坚持、创新。

实现中华民族伟大复兴的中国梦，需要千千万万的能工巧匠。做好文物修复也需要执着专注、精益求精、一丝不苟、追求卓越的工匠精神。做好这项工作倾注的是时间、是精力，更是情感和责任，还有我们文物工作者“择一事、终一生”的情怀；而展示给我们的则是一幅幅鲜活的历史画卷。我平时的工作就是在野外，站在高高的脚手架上，拿着手术刀、注射器等工具，小心翼翼、细致入微修复文物，像拯救病患的医生不敢有半点疏忽，因为我心里很清楚，文物的生命只有一次，所以我们的工作只许成功，不许失败。我们在修复文物之前会做成百上千次试验，成功以后才可以在文物上面修复。

问： 您对未来有哪些期待，有哪些想做的事情？

陈： 迈过千年岁月的大足石刻，仿佛垂暮的老人，现已进入高速风化期，保护形势十分严峻。为了和时间赛跑，与病害拼速度，只要天气好，我们几乎每天都会跋山涉水去各个文物保护点，用双手呵护文物的健康，保持文物的活力，发挥其价值，让它们以健康老人的形象，融入社会生活，向世人讲述曾经的故事。在一尊石窟造像被修复的同时，也许又有另一尊造像严重风化亟待修复。

对于这样的情况，我也经常在想，不知不觉马上就要退休了，文物保护需要一代一代人来完成，现在我的工作重心应该转向对文物保护修复人才的培养，应该培养更多的年轻人来接班，这样才能使文物有限的生命得到更好的延续。同时希望能有更多“守得住寂寞，练得好功夫，有责任敢担当”的年轻人加入我们的行业，才能让文物有限的生命得到更好地延续。

问： 对于各行各业的女同胞和年轻人，您最想对她们说什么？

陈： 无论多么坎坷的经历，无论多么平凡的岗位，只要用心去爱，为爱守护，你的人生一定会绽放绚丽的光彩！

寇启芳

宁夏滩羊育种『解码人』

寇启芳，1967 年生

带动养殖户增收的畜牧师

2020 年全国劳动模范

“我培育的羊能给社会带来价值，能为老百姓实现增收，我感到很开心。”

20世纪90年代，毕业于专科院校畜牧专业的寇启芳从饲料厂下岗，彼时丈夫每月工资只有100多元，家里还有双胞胎要养活，20多岁的她捡起老本行，骑着自行车走家串户给家禽看病。“那时养殖条件差，鸡窝、猪圈里很脏，她钻进去半天不出来，沾上一身粪，但我心里真佩服她。”丈夫牛文智说。

2003年，从日本学习归来的丈夫向寇启芳谈起日本养牛场先进的管理模式，以及价值更高的雪花牛肉。她很感兴趣：“我们也建一个标准化滩羊养殖基地，做雪花羊肉，提高滩羊价值。”

滩羊是宁夏九大支柱产业之一，肉质细嫩无膻味，曾登上G20杭州峰会的国宴餐桌，但出肉率低、繁殖速度慢。宁夏为恢复生态环境自2003年起全面封山禁牧，不少百姓觉得养滩羊赚不到钱，就把羊宰了，滩羊数量急剧减少。“多好的品种，不保护太可惜。我们用技术提高滩羊的单产和附加值，价钱高了，对生态也好。”带着这样的想法，寇启芳和丈夫借钱圈了200亩地，养了300只滩羊。

如今种满绿树的养殖基地，2003年还是茫茫戈壁，拉砖头的小车时常陷进松软的沙子里。寇启芳向附近施工的包工头借水管，为错开时间，只能夜间自己拿着水管将沙地硬化，睡在用帆布搭建的临时窝棚里，等翌日拉砖的车进来。

凭着一腔执着，寇启芳在罗山脚下建成宁夏最大的滩羊保种繁育和科研基地，并拥有饲料加工厂、滩羊肉加工厂、冷库、实验室等配套设施。

为推动高品质滩羊养殖，寇启芳与宁夏大学、西北农林科技大学合作，培育出好评如潮的“雪花滩羊肉”，并在基因编辑培育方面解决了滩羊产业发展中繁殖率低、生产性能低的“卡脖子”问题，推动滩羊产业高质量发展。

自己养羊再多，寇启芳都不满足：“一家企业能养多少羊？只有让老百姓们来养，才能真正把滩羊的好品种给保住。”如今，天源公司成功打造滩羊产业联合体：在年加工 10 万只滩羊的屠宰场带动下，6 个合作社、3 个家庭牧场、1 个滩羊养殖扶贫基地养殖“三又佳羊”，累计全年存栏滩羊 6 万多只，年销售收入过亿元。

2015 年以来，天源公司向红寺堡区 150 多户居民免费提供滩羊养殖技术服务，使得每户每年新增收入 6000 多元。2017 年，又建成大河乡龙源村滩羊产业科技扶贫基地，为当地 100 户建档立卡户托管代养滩羊，每户每年新增纯收入 4500 多元。

在公司和广大滩羊养殖户收获成长的同时，寇启芳也先后获得宁夏回族自治区劳动模范、全国三八红旗手、全国劳动模范等荣誉称号。

韩喜球

『像爱母亲一样爱地球』

韩喜球，1969 年生

中国首位大洋科考女首席科学家

2010 年全国先进工作者

“传统观念认为海洋是男人的战场，但是现在时代不一样了。上天入海，女性和男性一样可以建功立业。”

作为中国大洋科考第一位女首席科学家，韩喜球注定是“海的女儿”。她带领团队揭开地球最幽暗的秘密，让世人瞥见这个星球最深处的美丽。

韩喜球至今难忘在西南印度洋首次自主发现“玉皇”热液区时的情形。那是 2010 年 5 月，西南印度洋魔鬼西风带，科考队乘“大洋一号”即将返航的前一天。当时，狂暴的海浪一度直扑到四层高的驾驶台玻璃窗上。“但是一想到已经发现显著的热液异常，而下次再回到这片海域不知道是什么时候，‘勇气小人’和‘好奇小人’就在心里鼓励我，再坚持一下，再坚持一下，把多金属硫化物矿找出来。”韩喜球回忆说。

抱着志在必得的信念，韩喜球和团队从午夜开始等待，凌晨风浪稍有平息的间隙，大家决定把电视抓斗放下海去做最后一搏。这时，阵风又来了，10 级狂风呼啸，“大洋一号”拖着两三吨的重物，与风浪搏斗逆浪前行。

韩喜球在驾驶台指挥船舶前进的路径，船长亲自操船，科考队和风浪整整搏斗了 4 个小时，始终没有放弃。直到她的对讲机嘟嘟作响：

“发现红色热液沉积物了！”“我们发现硫化物了，我们取到样品了！”

这是韩喜球第一次带领团队取得重大发现，她飞奔着，呼啸着，尖叫着，从四层驾驶台一直冲到甲板层，“那种欣喜若狂，我永生难忘。”她用杭州的一座名山“玉皇山”命名了所调查的无名海山，这里的热液区被命名为“玉皇”热液区。

现在，面对类似发现，韩喜球“淡定”多了。她已从一个跃跃欲试的“斗士”成长为指挥若定的“女将军”。

大洋上科考作业 24 小时不停歇，几乎是分秒必争，科考队时刻面临未知的挑战，有很多次与危险擦肩而过。大风大浪中，这样高强度、高风险的工作，不仅没有令韩喜球却步，反而更激发起她的斗志。

“传统观念认为海洋是男人的战场，但是现在时代不一样了。上天入海，女性和男性一样可以建功立业。”韩喜球说，在科研工作中，她首先是一名科学家，然后才是一名女性。

2017 年，韩喜球搭乘“蛟龙号”载人深潜器，下潜到海底热液区进行近底观测和取样。她这样描述亲眼看到的海底景象——数千米的深海海底，绝大部分是冰冷的荒漠，热液活动区却像一个热火朝天的成矿工厂、生机勃勃的生命乐园。“浓烟”滚滚的烟囱口周围，有成群的热液盲虾、螺贝和螃蟹，稍远处，白莲花一样的海葵盛开在海底山丘上，迎着洋流摇曳生姿……

2022 年阴历新年，韩喜球在办公室门口贴上了一副对联：登山观锦绣，潜海探深幽。横批：喜欢地球。

“对话”

问： 您目前主要负责的工作内容是什么？您的工龄有多少年？

韩： 我从事深海科学研究，曾经多次率领科考队到深海大洋调查海底矿产资源，现为国家重点研发计划重点专项首席科学家。工龄31年。

问： 女性从事这份工作的优势是什么，劣势又是什么？如何克服困难逐渐取得成绩？

韩： 做深海科学研究离不开赴深海大洋获取第一手调查资料，从事的男性远多于女性。不过，科学研究其实并没有性别之分，并不因为工作艰苦而降低对女性的要求。因此，这份工作的特殊性使我在工作中相较男性谈不上优势，但我也不承认自己有劣势。我通过自己的努力，工作出色，取得了不逊于男性的成绩。

问： 工作中印象最深刻的、感觉难度挑战最大的是什么？

韩： 印象最深刻的一件事是，2010年担任中国大洋科考第21航次第7航段的首席科学家，带领团队在印度洋调查国际海底多金属硫化物资源，冒着安全风险指挥团队伺机进行调查作业，我们战狂风斗恶浪与时间赛跑，取得了重大发现。

问： 最难忘的工作细节是什么？内心最自豪的工作成就是什么？

韩： 最难忘的工作细节是，2010年我在"大洋一号"科考船的驾驶台指挥船舶的调查航线，当对讲机里传来"发现热液硫化物""取到硫化物样品"时，我欣喜若狂。

内心最自豪的工作成就是带领团队在印度洋发现12处多金属硫化物矿床。

问： 工作中的创新思路是从哪儿来的？

韩： 一是通过实践和钻研。二是通过跨学科学术交流和广泛涉猎文献，从他处借得灵感，开展交叉融合研究。

问： 攻坚克难的动力在哪里？

韩： 责任。

问： 您所在的行业，这些年发生的最大变化有哪些？您的感受是什么？

韩： 海洋探测技术进步神速，海洋科研实力提升迅速。20年前，出海科考依赖常规的船载设备。现如今我国有3条载人深潜器，可以把科学家直接送到海底进行近距离的观察和取样，这在过去是不可想象的。

问：您是怎么理解工匠精神，工匠精神又是如何在您的工作中体现的？

韩：我理解的工匠精神就是精益求精、不断超越自我。

我对海洋事业非常热爱和执着，我对科学研究十分严谨，对指导学生高度负责，所发表的研究论文总是不断打磨以成精品。

问：您对未来有哪些期待，有哪些想做的事情？

韩：期待能为海洋强国和人类海洋命运共同体建设作出更大的贡献。

最想做的事情包括：一是在专业领域里不断精进，在深海科学国际前沿领域取得更多科研成果，产生更大的影响力；二是为国家在印度洋国际海底区域圈选和申请一块多金属硫化物矿区；三是能够有更大更高的平台发挥更重要的作用，惠益社会和更多的人群。

问：对于各行各业的女同胞们和年轻人，您最想对她们说什么？

韩：永葆好奇心，不断探索，不断上进。做好自己，善于合作，共同进步。

赵红卫

心怀『国之大者』 矢志科技创新

赵红卫，1969 年生

中国铁道科学研究院集团有限公司首席工程师

“复兴号”动车组总体技术专家组成员及

网络控制系统专业领军人才

2016 年获评全国五一劳动奖章；2020 年

全国劳动模范

“就像盖房子，外国人已经有一定的预制结构，门窗、水泥等部件都齐了，只需要加以结合就行，而最初我们是从烧砖头、炼铁开始的。”

1992年，赵红卫大学毕业考入铁科院攻读铁道牵引电气化与自动化专业，主要研究铁路车载电子和电气控制装置，从此与铁路研究结缘。从1997年到2007年，中国铁路经历了6次大提速，一步一步探索高速铁路技术，为迈入高铁时代不断积蓄力量。2005年，年轻的工程师赵红卫开始了对高速动车组牵引网络控制系统的研究，这是高速动车组的核心技术，相当于动车组的大脑和神经。2007年，“和谐号”动车组上线运营大大提高了铁路运力。赵红卫意识到由于不同平台车辆标准不统一，“和谐号”动车组在车辆运用、维修中都存在不少问题，便积极投身动车组平台的进一步研制。她和同事穿行于动车库和停车线的轨道间，忙碌在动车组的司机室和各车辆的电气设备间，在动车组上度过了无数不眠之夜。2012年赵红卫深度参与了我国自主研制时速350公里“复兴号”的中国标准动车组网络控制系统，并于当年入选科学技术部第一批“中青年科技创新领军人才”。

赵红卫和团队在高速动车组领域取得的第一个重要成果，就是成功研制了高速列车网络控制系统半实物仿真平台。这项技术填补了国内该领域的空白，达到了国际先进水平。这个完全依靠自主设计和建设的半实物仿真平台，在京沪、哈大等多条高铁动车组列车运行试验中发挥了重要作用，为各条高铁的开通运营提供了技术支持。随后，她和团队又一鼓作气成功研制了动车组列车网络控制系统，并通过了自主化评审，成功应用于中国标准动车组，打破了国外供应商对我国实施的技术壁垒。2017 年，京沪高铁“复兴号”以其平稳、安全、高效的优势征服了旅客。2019 年，被称为“绿巨人”的时速 160 公里动力集中型“复兴号”动车组和 17 辆编组超长版时速 350 公里“复兴号”也投入了运营；京张高铁智能动车组研制成功于年底投入使用，在智能化、安全舒适、绿色节能等方面实现新突破。2020 年，她和团队又完成了以太网控制系统试车专项实验，运用考核、互联互通验证试验，实现了国内首次高铁动车组以太网控车，实现了国际上首次基于以太网控制的动车组互联互通。

20 多年来，中国高铁经历了从无到有，从小到大，从追赶到领跑的快速发展历程，也为世界高速铁路发展注入了新的活力。一次专业的牵手，半生高铁的情缘，赵红卫庆幸自己赶上了好时代，也庆幸自己能把最好的年华献给高铁，献给自己热爱的事业。正是有了无数像赵红卫这样倾注个人最美好年华，专注于铁路科技创新研究的科研人员，在祖国交通强国建设征程中不断谱写精彩华章，中国铁路的未来必将更加辉煌、灿烂。

严林芳

蓝天筑梦人

严林芳，1971 年生

第一个试飞 C909 飞机的女科研人员

2010 年全国劳动模范

“相信我们的飞机是过硬的，飞行过程中感觉很安全很舒适，心中挺有成就感的。”

严林芳喜欢遥望蓝天，23岁的她参加工作，选择了民用飞机研制的最前线。

C909飞机项目是国家“十五”高技术项目，是具有我国自主知识产权的参与国际支线飞机市场竞争的项目，是我国民用飞机设计制造业里程碑式的大型系统工程，严林芳全程参与了该项目研制。

电磁环境效应（E3）适航验证是美国联邦航空管理局（FAA）、欧洲航空安全局（EASA）、中国民用航空器适航管理条例规定的内容。电磁环境效应防护专业性很强，涉及电子电气设备的防电磁加固，电缆敷设、接地、搭接设计以及结构的防电磁屏蔽设计。C909飞机项目启动之时，国内民机电磁环境效应防护处于起步阶段，可供参照的先例极少。为解决C909飞机电磁兼容试验难题，航电部成立了电磁环境效应攻关小组。

作为攻关小组组长，严林芳率队进行多方相关调研，请教国内专家和国外供应商，夜以继日地挑灯苦战，查标准、啃资料，一年又一年，工作积累从无到有、从弱到强，由试验设计到试验验证，由系统交联到全机交联，由试验控制到结果分析，攻克了一个又一个难题。

历经多年艰苦鏖战，成功地完成全机电磁兼容试验、全机高强度辐射场试验和全机闪电间接效应试验三项机上地面试验，其中全机高强度辐射场试验和全机闪电间接效应试验均属国内首次，为民用飞机的适航取证奠定了坚实的基础，为国内民用飞机电磁环境效应领域的适航验证提供了宝贵经验。

严林芳是第一个体验 C909 飞机飞行的女科研人员。一次，C909 飞机试飞过程中出现了故障。为了更清楚地了解故障现象，对故障进行准确定位，严林芳登上试飞的飞机，在 5000 米高空近 3 小时体验飞行中仔细观察相关系统，搜集掌握第一手资料信息。随后，她组织专家集智攻关，在最短的时间内准确定位故障，为故障的最终解决提供充分有力的依据。

事后有人问她，上飞机的时候害不害怕，她笑着说："当时来不及考虑，不过相信我们的飞机是过硬的，飞行过程中感觉很安全很舒适，心中挺有成就感的。"

2018 年，严林芳担任商飞 C929 飞机副总设计师，她注重在具体设计工作中对年轻人进行指导和"传帮带"，带领着他们密切跟踪世界民用飞机航电系统专业发展动向，学习国内外先进的民用飞机技术和经验，定期开展不同专业交流、讨论，让他们在思想交锋和观点探讨中提升专业创新能力。

"回首过去，收获满满；展望未来，再接再厉。"严林芳和众多商飞人一道，为了大飞机梦，为了中国梦，风雨兼程，携手奋进。

张胜林

搭建『空中彩虹』

张胜林，1971 年生

桥梁技术创新工程师

荣获詹天佑奖、鲁班奖、古斯塔夫斯·林德撒尔奖，

获得 2 项国家级工法、6 项发明专利

2020 年全国劳动模范

“我爱上了造桥这项工作，迫不及待想把学到的知识用到家乡的建设中！”

作为全国唯一没有平原支撑的省份，贵州高低不平的喀斯特地貌给交通建设带来了很大困难，严重制约着全省的开放和发展。要致富先修路，要修路必修桥。桥梁作为连接一座又一座高山大川肌体的最佳捷径，成为破解贵州交通发展瓶颈的关键掣肘。生在贵州的张胜林从小就对家乡的千沟万壑、交通闭塞有着刻骨铭心的记忆，梦想着有一天能飞出大山。

高考时，张胜林被北京工业大学交通工程专业录取，从此走上了勇攀科技高峰，搭建“空中彩虹”的人生道路。张胜林读大学期间，北京城市交通蓬勃发展。她经常跟着老师和专家来到立交桥的施工现场观摩学习，桥梁建设使用的巨型机械、构件，让她大开眼界。“那时我就爱上了造桥这项工作，迫不及待想把学到的知识用到家乡的建设中！”

1993 年，刚毕业的张胜林参与了贵州省瓮安县江界河大桥建设。第一次去现场时，为了寻找最佳的设备安装位置，她徒手爬上高梯，任务完成了，腿还在颤抖。由于缺少技术人员，张胜林一个人承担了项目测量、质检，从底模制作、施工放样到安装模板、绑扎钢筋，再到浇筑混凝土、构件安装等多项工作。这段辛劳的经历，为她后续成长积累了宝贵的经验。大桥建成，张胜林望着桥上的汽车和行人，心中满是幸福感……江界河大桥就这样开启了她的梦想之门。30 年来，张胜林从最基层的技术员做起，长期从事公路工程技术与管理工作，参与建设了贵州江界河大桥、广州新光大桥、重庆江津观音岩长江大桥、大小井特大桥、平塘特大桥、乌蒙山大桥、牂牁江大桥、花江峡谷大桥等已建成或在建的代表性工程。

在桥梁建设这个从业者近乎清一色男性的行业里，张胜林成了为数不多的女总工程师，在他们的努力下，贵州桥梁技术更新换代，不仅为建设交通强国贡献了智慧，而且向世界桥梁贡献了“贵州方案”，曾经交通闭塞的贵州成了名副其实的“桥梁博物馆”。在近 30 年的峥嵘岁月里，张胜林“带着沉甸甸的理想上路，用柔弱的身躯栉风沐雨，担负起厚重的桥梁使命；迈开轻盈的步伐翻山越岭，在奇山丽水之间，筑起一道道气势磅礴的壮丽飞虹”。

姚启明

在大地上书写速度与激情

姚启明，1978 年生

国际赛道设计师中唯一的亚洲女性

2018 年获评全国五一劳动奖章；2020 年全国劳动模范

“祖国的日益强大，让我能够有机会一次次走上国际舞台，发出中国声音。祖国的需要、社会的需要、时代的需要就是我奋斗的方向。”

2003年，姚启明参与上海国际赛车场外围配套工程设计。当她得知中国当时仅有的1个赛车场和在建的3个赛车场全部由外国设计师设计时，强烈的民族自尊心瞬间被激发：“中国的赛道应该由中国人自己来设计！”

2005年，姚启明受命设计长春赛车场。因为找不到适用于专业赛道的规范和标准，她便写邮件求助于国际最著名的赛道设计公司。得到的回复是：“非常遗憾，永久性赛道设计规范是我们知识产权的一部分，只要你付费用，我们可以来设计。”回信深深地刺痛了姚启明的民族自尊心，她放弃了赴美国攻读博士学位的念头，用了一年时间，在10平方米的阁楼里完成了具有独立知识产权的赛道安全模拟系统，从此，中国正式具备设计永久性国际赛车场的资格。

多年来，姚启明和团队扎根一线、持续创新，夜以继日地奋斗在汽车运动的前沿，书写了中国赛道设计史上的“从零到一”，设计了150余条赛道，创造了80余项创新成果、40余次“中国第一”和“世界第一”，用20年的时间跨越了西方发达国家120年的积累。

前进道路上的辛苦付出，常人难以想象。为了武汉赛车场的设计，她在进产房前的一小时，仍然蜷坐在电脑前做仿真计算；孩子刚出生，还在ICU病房中，她就开始坐在床上，手捧着电脑继续赛道的设计优化工作；右眼因劳累过度长满囊肿，直到赛道方案获得国际汽联批准之后才安心地走进手术室完成手术治疗。

经济的快速发展让中国汽车运动迎来了春天，全国各地掀起了兴建赛车场的热潮。为了引领行业健康发展，姚启明将自己近20年的成果和经验，毫无保留地分享给大众，带领团队起草行业规范，制定行业标准，开展行业研究，编著行业专著，培育汽车文化，建立行业智库。她主持起草了中国第一部行业标准《卡丁车场技术标准》；编著“十三五”国家重点出版物出版规划项目《汽车运动与文化丛书》、世界第一部汽车运动历史科普书《汽车运动百年史话》、中国第一部行业学术专著《汽车运动与文化主题公园》；开发世界首个智能可视化3D赛道设计系统；开展“汽车运动休闲特色小镇与自驾汽车运动营地建设”研究；完成《上海汽车文旅活力圈总体方案》；发起并策划“同济大学——国际汽联国际道路安全创新论坛”……

近几年，姚启明把更多的精力转向了日常出行的道路安全研究，把赛道领域最前沿成果用在智慧交通安全出行上，用技术默默承担起守卫安全的责任。2020年，姚启明组建国内首个指挥交通安全驾驶工程中心，结合虚拟现实技术建立安全驾驶训练体系，帮助全国每年2700万新手驾驶员提高避免恶性交通事故发生的能力，为更多家庭的幸福生活保驾护航。她坚守初心、笃行不怠，尽展巾帼之魄力，在中国辽阔的大地上书写速度与激情！

“对话”

问： 您目前主要负责的工作内容是什么？您的工龄有多少年？

姚： 大家都知道我是“中国赛道设计第一人”，其实赛道设计只是我工作的 1/9，简单地说我的工作是在“三驱三维”中并行，“三驱”指的是：赛道设计、汽车测试、交通安全；“三维”指的是：科研创新、设计实践、公益科普。表面上看是三个跨学科领域，实际上都是聚焦人、车、路的共性关键问题，也就是极限状况下的安全问题。工作 21 年，我努力创建了一个融会基础研究、技术应用、科学普及三个维度的生态系统。

首先是大家最关注的赛道设计。20 年前，我国在这一领域尚属空白，刚刚参加工作的我在一次偶然的机会接触到了 F1 这个新鲜事物，在得知中国的赛道全部由外国人设计的时候，强烈的民族自尊心让我萌发了一个大胆的梦想：“中国的赛道应该由中国人自己设计。”我自主研发了赛道安全模拟系统，通过精准模拟赛车的行驶轨迹、失控后的滑行轨迹和碰撞力，保障了赛道安全，也让中国正式具备了赛道设计的资格，实现了我国赛道设计领域从无到有的突破。

20 年来，我和我的团队一起，在 200 余个赛车场项目中创造了 40 余次“中国第一”和“世界第一”。

近年来，我和团队运用人工智能和数字化技术，研发了 100% 自主知识产权的“三维可视化赛道设计”和“智慧赛道”关键技术，所有工程数据的智能化协同、一键输出，仿真精度高达 1/1000 秒，并在平潭国际赛车场、广州 F1 国际赛车场等重大项目中应用实践，这一技术的诞生不仅提升了中国赛道设计的技术水平，也为全球赛道设计树立了新的标杆。

其次是汽车测试。为了助力汽车产业的高质量发展，我和团队长期开展车辆极限状态理论研究，以及面向未来的汽车测试领域前瞻性研究和技术攻关，重新定义了“汽车测试场”，起草了国内首部《汽车测试场地建设要求与开放条件》，提出了将汽车研发、测试、运动、文化、体验五大要素嵌套集成的全新理念，并在长三角汽车科创基地中落地应用，是全球首个将传统汽车试验场、自动驾驶汽车测试场和赛车场融为一体的科创平台，可以说为中国汽车研发提供了“新赛道”。

最后是交通安全。把赛道领域的前沿成果应用到道路安全等民生领域是我一直以来的愿望，所以在别人看来已经为祖国各地的赛道忙得像陀螺一样的我，还同时担任同济大学博士生导师。我创建了中国首个省部级智慧交通安全驾驶工程中心，与科研团队聚焦“人、车、路和环境”的共性关键技术问题，从基础研究到技术攻关，从软件开发到硬件搭建全部由我们一手完成。我们还建成了 100% 自主知识产权的国际先进多模态融合安全驾驶仿真实验室、远程遥感实验室、自动驾驶孪生实验场等；构建了面向 5 亿驾驶人和未来智能汽车的安全驾驶坐标系；主持建成中国首个智能安全驾驶中试基地，研发了“智慧双路”多模态融合仿真平台。

公益科普也是 20 年来我一直坚持的事业。在我看来，会科研更要会科普，特别是面向青少年，我和我的团队研创了覆盖幼儿园、中小学、职校和高校的公益科普课程 20 余项，创作科普作品 100 余件，尽我所能普及汽车运动和道路安全知识，足迹遍布 28 个省、自治区和直辖市。

除此之外，我还努力探索出了“大思政”教育、科普教育与劳动教育融合的育人新模式，现在这些课程已经成为沪上中小学校园“开学第一课”“科普教育”“大思政教育”等明星课程，在清华、浙大、上海交大等 10 余所高校公开巡讲，累计授课 1000 余场，直接受众超 2000 万人。

问：女性从事这份工作的优势是什么，劣势又是什么？如何克服困难逐渐取得成绩？

姚：前国际汽联主席说过一句话：“赛车是成就男人的运动。”正如大家所想象的，汽车运动目前还是男性和西方人主导的领域。

但实际上，也许是对工作特别投入，我并没有太多被身份的标签所束缚，唯有每次看到一些工作照的时候，我才会在大家的提醒中猛然发现自己原来一直在男人堆中工作。

早年与合作方初次见面，我一下飞机，经常被误认为接错人了，他们甚至直言不讳地说："您的名字早有耳闻，但我们一直觉得应该是一位头发花白的先生。"我都会付之一笑。现在这种情况越来越少了。当我以 20 余年的行业经验和专业研究成果投入到工作中，我的身份就是一名中国赛道设计师，不需要带其他任何修饰词。

长久以来，赛车被认为是男性的专属领域，女性往往被贴上"不适合"或"不可能"的标签。确实参与汽车运动的男性居多，但如果把汽车运动贴上性别的标签似乎对女性有些不公平。在各行各业中真正阻碍我们前进的往往不是性别，而是兴趣、责任和持之以恒地学习。女性同样拥有对速度的渴望、对挑战的热爱，以及对胜利的执着。

我觉得女性思维缜密，忍耐力强，有时既感性又理性、既胆大又心细。我常常说早期从事这份工作时，每次比赛就感觉是把刀架在了自己脖子上，那种压力至今想想都后背出冷汗。也正是因为性别的特点，让我把这份看似不可能的工作变成可能，把这个狭小的领域变得宽广。

当然我也无法回避由于身体和生理的原因，女性确实在某些地方先天上就不如男性，以及我们在工作中必定要经历生理期、生育期和哺乳期，毫无疑问，这些都是非常不便的。也恰恰是因为我们经受了这些，才让我们变得更加宽容、博爱、有韧性。

问： 工作中印象最深刻的、感觉难度挑战最大的是什么？

姚： 挑战难度最大的不是技术本身，而是解决完技术难题之后，在纷繁复杂的环境中，如何平衡关系、抵御外部干扰，甚至要被迫抉择放弃还是坚守。这些在我看来都是无谓的消耗，但是又无法回避。

过去，因为没有经验和标准，技术攻关就是最大的问题；现在做得多了，有经验了，也有标准了，看似简单了，其实恰恰相反。过去可以从技术的角度在一个完全未知的领域去填补一项一项空白，最初解决的技术问题，现在看起来还是最简单的、最单纯的。

慢慢你会发现：技术能解决的问题不是问题，更多的其实还是社会认知的问题。当我们知道得多了，懂得多了，需要考虑和平衡的也就多了，对我来说，我觉得比以前更难！技术上的创新可以解决速度和安全之间的平衡，却解决不了商业和利益之间的平衡。

在高速发展的时代车轮下，在与各种利益群体博弈的过程中，对科学的尊重、对安全的敬畏、对底线的捍卫，如何坚守住一个设计师的初心和底线，如何保持一位知识分子的风骨，成为一个难题。很多时候不理解的声音会此起彼伏，包括各种诬蔑、诋毁，甚至人身威胁等，这些我都经历过。

问： 最难忘的工作细节是什么？内心最自豪的工作成就是什么？

姚： 其实每一个项目、每一个课题、每一次攻关都要经历很多难忘的故事，很难找到哪一个是最难忘的。记得 2023 年在负责中国首个 MiniGP 赛道设计时，有一次为了保障赛道排水，我坚持使用自己研发的一套既安全有效又经济实用的排水系统，但是施工单位以自己的“经验”告诉建设方这套系统不好用，即便我安排了两位专业负责人特地去现场沟通协调，磨破嘴皮也没有说动对方，我的同事晚上 9 点多钟从机场回来直奔单位，跟我说他们已经施工了，并没有采用我的方案，建议我不要管了。

那天我因为连续多日加班，非常疲惫，声音沙哑，甚至连说话的力气都没有。可我还是拿起电话打给了建设方的领导，语重心长地给他讲清赛道排水的重要性、不同排水方案的原理，分析利弊。建设方的领导委婉地说：“不是不相信您，可是我们管材都买完了，只能先这么做了。”我立刻说：“所有的管材我来负责给您退货，如果退不掉的，我个人买了，这样可以吗？”建设方的领导终于被我打动了，他说：“您都是为我们好，我怎么可能让您个人出钱呢？改，我立刻改。”

两周过后，我的同事兴奋地跑到我的办公室，给我看了一条项目群里的视频和一段感谢的话：那天广州下了 50 年一遇的特大暴雨，赛道 2/3 区域按照我提出的排水方案修改了，没有一点积水。相反，剩下 1/3 区域还没来得及修改，已经变成汪洋。那一刻，所有的疲惫仿佛都烟消云散，所有的努力和坚守都是值得的。在我的工作中，这样的故事几乎天天都会发生，我就是这样感动着别人，偶尔也被自己感动。

至于内心最自豪的工作成就，是 2005 年我在 10 平方米的阁楼里开发出赛道安全模拟系统，据此完成了长春国际赛车场所有的设计和速度模拟仿真工作，国际汽车联合会特地派 F1 总指挥查理・怀汀（Charlie Whiting）先生来上海核实，从此，中国正式具备了设计永久性国际赛车场的资格。当我在国际汽联许可赛道设计机构的世界地图上看到我用自己的名字点亮了属于中国的部分，那种自豪感是无法用言语来表达的。

问：工作中的创新思路是从哪儿来的？

姚：我在工作中的创新思路主要来源于三个方面：

第一是交叉学科的积累和自由探索的习惯。在当今这个知识爆炸的时代，单一学科的知识往往难以满足复杂问题的需求。因此，我注重跨学科的学习与积累，尝试将不同领域的知识相互融合，以此激发新的灵感和创意，除此之外，从小养成的自由探索的习惯也经常会让我喜欢跨越边界思考问题。这种跨学科的视角和没有约束的思维格局让我能够从多个角度审视问题，发现别人未曾注意到的联系和规律，从而在工作中提出独特的解决方案。

第二是引领行业发展的格局和深度思考的习惯。我始终关注行业动态和前沿趋势，以引领行业发展的视角和格局提出问题、思考问题、解决问题。我特别喜欢在周末或者夜深人静的夜晚独自一个人在办公室，跳出眼前问题，去跨行业跨领域跨时代地深度思考，通过深度思考来洞察行业发展的内在逻辑和未来方向。这种思考不仅让我对当前的工作有更深刻的理解，还让我能够预见未来的挑战和机遇，从而提前布局，创新工作思路和方法。

第三是国家政策和总书记的讲话。国家政策是指导国家和社会发展的重要纲领，而总书记的讲话则往往蕴含着深刻的战略思考和智慧。它们让我从中汲取营养，得到激励和启发，也让我更加明确工作的方向和目标，激发了我对工作的热情和责任感，敦促我不断创新，为实现中华民族伟大复兴中国梦贡献自己的力量。

问：攻坚克难的动力在哪里？

姚：对我而言攻坚克难的动力主要源自三个方面：

第一，是责任和使命感。我的外公是 20 世纪 50 年代新中国成立初期的劳动模范，我的母亲是 70 年代初农业学大寨的先进典型，可以说模范的坚守从小就根植于我心。作为党和国家培养的劳动模范，我所有的坚守和努力都是为了引领这个行业在中国健康发展，在世界范围快速进步，真正缩短我们与西方发达国家的差距。当听过我科普的小朋友们提醒家长们驾驶安全常识的时候，当车手在我设计的赛道上安全地取得满意成绩的时候，当我们的努力获得国际认可，走到国际舞台中央的时候，我的初心会更坚定，这也是我不断前行、攻坚克难的动力。

第二，是自由探索的成长环境。从小我就是在自由的环境长大的，我的父母给了我无限自由成长的空间，这也给了我自由探索的机会和乐趣，让我养成了非常自律的习惯。无论是读书期间还是工作期间，我的导师、我的领导都给了我非常自由的空间，让我无论在科学研究还是在创新实践中都可以大胆地自由探索。年轻时的我是为了一刹那的成就感而活着，如今的我是为了创造更大的社会价值而自由奔跑。

我想大多数的年轻人都和我一样，只有在一个允许自由探索、鼓励创新的环境中，才能不断突破自我，创造更大的社会价值。

这样的环境让我敢于尝试、勇于挑战，不断在攻坚克难中寻求突破。

第三，是来自党和国家、各级政府的无限信任和宽容。这份信任和宽容让我倍感荣幸，也深知责任重大。我出生于改革开放元年，是时代给予我成就梦想的机会，给了我无限的信任和包容，让工作未满一年的我承担起中国第一条国际汽车赛道总设计师的重任，并且很快在这个狭小领域走到了顶峰，越走越宽。近年来，我有幸先后作为全国优秀青年代表、全国劳动模范代表步入人民大会堂，聆听习近平总书记的重要讲话，给了我莫大的鼓励和鞭策，党和国家的信任是我攻坚克难时的坚强后盾，让我在面对困难和挑战时更加坚定信心、勇往直前。

这些动力让我在面对任何困难和挑战时都能保持坚定信念和昂扬斗志，不断为实现更高的目标而努力。

问：您所在的行业，这些年发生的最大变化有哪些？您的感受是什么？

姚：无论是汽车行业还是交通行业，这些年每一次跨越都是经济发展与社会进步的生动注脚。就赛道设计行业而言，这些年它从无人问津的小众领域逐渐成长为备受瞩目的热门焦点。过去，赛道设计一直被视为专业性强、受众面窄的细分领域。

今日，赛道的使命早已不止于赛车，在智能网联、安全驾驶、能源转型、体旅融合等方面都发挥其重要作用。我们的赛道设计不仅在技术上不断创新、迭代、超越，也承载了更多的责任和使命。赛道设计不再局限于赛车运动，而是拓展到汽车研发、主题公园、文化旅游等多个方面。我们见证了其从单一功能到多元化应用的转变，设计理念和技术手段的不断创新，让赛道设计行业焕发出前所未有的活力。

在交通行业，智慧交通的兴起无疑是这个时代最显著的标志之一。从最初的信息化、数字化尝试，到如今物联网、云计算、大数据等高新技术的深度融合，智慧交通正在以前所未有的速度改变着我们的出行方式。智慧交通的实现离不开信息技术、通信技术、自动控制技术等多个领域的协同创新，只有打破学科壁垒，才能实现技术的突破和应用的落地。

至于汽车行业，它正经历着从传统燃油车向新能源汽车、智能网联汽车的深刻转型。新能源汽车市场的快速增长、自动驾驶技术的不断突破、车载互联功能的日益丰富，都在重塑汽车行业的面貌。这种变化让我深刻体会到，中国强大的制造业基础和创新能力正在推动汽车行业走向国际前沿。特别是随着自主知识产权重要性的日益凸显，中国车企在电池技术、智能网联技术等领域取得了显著成就，不仅在国内市场占据一席之地，还开始在国际舞台上发出自己的声音。

回顾这些年的变化，我最大的感受是：在经济发展的浪潮中，每一个细分领域都有其独特的价值和潜力。

只要我们能够精耕细作、勇于创新，同时保持跨学科跨领域的开放心态和合作精神，就一定能够在各自的领域内取得突破和成就。

同时，我也为中国在全球经济格局中的崛起感到自豪和骄傲，相信在未来的日子里，中国将在更多细分领域走到国际前沿，拥有更多的话语权和影响力。

问：您是怎么理解工匠精神，工匠精神又是如何在您的工作中体现的？

姚：工匠精神不仅是个人追求卓越的动力源泉，更是推动整个团队乃至行业向前发展的重要力量。在我看来，工匠精神既要有执着专注、精益求精、一丝不苟、追求卓越的追求，也要有不断创新的激情、站在国际舞台的担当和无私传授经验的胸怀。工匠精神源于传统手工艺人对完美的不懈追求，如今已广泛渗透于现代制造业、服务业乃至各行各业。工匠精神不仅仅是对技艺的极致追求，更是一种对待工作的态度和价值观，还是对品质的坚守和对创新的渴望。

在我的工作中，精益求精是工匠精神最直接的体现。无论是前期顶层设计、规划设计还是后续服务，都力求做到最好。比如，在赛道设计阶段，我们会不断测试、优化，在确保赛道安全的基础上追求竞技性和节奏感。这种对完美的执着追求，不仅提升了中国赛道设计的竞争力，也赢得了客户的广泛认可。

执着专注是工匠精神的另一重要内涵。在我的职业生涯中，我始终专注于自己的专业领域不断精耕细作，相信只有真正热爱并专注于自己的工作才能在激烈的竞争中脱颖而出。同时，我也鼓励团队成员保持同样的专注度，因为只有每个人都对自己的工作充满热情，团队的整体效能才能最大化。

比如我们具备自主知识产权的“赛道智能设计”技术采用三维可视化正向设计，将地形完全可视化建入电脑模型中。通过设置参数进行智能设计，所有过程都是可视的。这一创新技术不仅提高了赛道的体验感，还为后续的电子竞技和数字孪生提供了主战场。通过一键输出所有工程数据，省去了过去画施工图长达半年的烦琐工作，实现了毫米级的精度，解决了施工过程中的各种技术难题。这一技术的成功应用，使我国在这一领域实现了从跟跑到同跑，再到领跑的彻底转变，展现了我们的创新实力和行业领先地位。

长久以来耳濡目染，工匠精神已经写进了团队的基因。在日常工作中，看到同事和学生无论是和我并肩作战，还是独自承担任务，都能和我一样对待工作知难而上、永不退缩、一丝不苟、精益求精、力求完美，每次从他们的身上看到自己年轻时的样子，是我最大的欣慰。我相信未来在这个团队会有更多“姚启明”出现。

工匠精神也对我们的合作伙伴产生了积极的影响。在与各方的合作过程中，我们始终秉持着诚信、专业、共赢的原则，以高品质的产品和服务赢得了他们的信任和尊重。这种正能量的传递既增强了我们的合作关系，也在推动整个行业的健康发展。

问：您对未来有哪些期待，有哪些想做的事情？

姚：对于未来，我主要有以下几个方面想做的事情：

第一，立足本职，自由探索。在赛道设计、汽车测试、交通安全这三个领域自由切换，相互赋能。既要保持持续创新的激情，也要有不断自我革新的勇气，不断推出新技术、新思想、新理念，并把这些技术、思想和理念服务到祖国大地，应用到世界各地。比如设计世界上第一条 F1 智慧赛道，赋能汽车研发的前沿科技；打造全球第一个集汽车测试、研发、运动于一体的科创平台，赋能中国汽车产业高质量发展；构建好面向 5 亿驾驶人和未来智能汽车的安全驾驶坐标系，保障人人安全出行。

第二，立德树人、培养人才。人才是推动社会发展的重要力量，也是新质生产力最活跃的要素，未来希望能够有更多的时间在自己长期从事的三个领域建立完整的科学体系，为国家发展、行业进步培养更多的高质量科技人才和卓越工程师。通过传授自己的经验、经历和知识，影响更多的年轻人，帮助他们成长、成才。这包括硕士、博士研究生的培养，也包括中小学生和大学生的科创实践培养。

第三，公益科普、回馈社会。用自己擅长的方式回馈社会是我源源不竭的精神给养，大约 8 年前，在国外设计师纷纷来中国争抢他们眼中的生意时，我开始公开自己多年积累的经验和知识，为行业写书、写规范、定标准、做科普，并将所有写书的稿费全部捐赠用于公益科普，也用自己的工资长期资助因交通事故受困的在校大学生。近几年我除了继续开展面向行业的科普以外，还努力地将科普教育和思政教育、劳动教育相融合，开展面向青少年的科普 + 大思政教育，目前已经去了 100 多所学校，开展科普活动和大思政教育 1000 余次，直接受众超过 2000 万人。孩子的心灵是一张白纸，你在上面绘制了什么样的蓝图，他就会谱写什么样的诗篇。未来我会在这条路上不遗余力地走下去。

每一个人都有自己的未来，我的未来就像我一直说的那样："心之所向，素履以往。"当然，我也会努力平衡好工作与健康的关系，工作与家庭的关系，做一个超级自律的自由人。

问： 对于各行各业的女同胞们和年轻人，您最想对她们说什么？

姚： **性别永远不会成为阻碍我们成就梦想的屏障，年龄不会成为束缚我们成就梦想的枷锁，家庭不会成为制约我们成就梦想的牵绊，每一个人都有勇敢地追求梦想的权利，女性也绝不例外。**

新一轮的科技革命和产业变革给了我们新的机遇和挑战，在这个充满可能性的时代，无论是科研、技术、服务、艺术还是体育，找到适合自己的方向，坚定地走好每一步，无畏艰险，努力坚持，勇于创新，追求卓越，每一个领域都可以成为你们成就梦想、展现才华的舞台。

就像设计一条赛道，要把土地用到极致，要把车辆性能和速度推到极致，也要把车手的生命安全守护到极致。这就需要在掌握大量知识的前提下，既要宏观地规划全局，也要精准地计算每一个微小的细节；既要勇敢地颠覆过往挑战每一次边界，也要在平衡各种因素时坚守底线……我的工作如此，你们的人生亦如此。

作为全国劳动模范，我深知努力与坚持的价值。我想告诉广大青年朋友，成功不会一蹴而就，也不存在什么捷径。成功是一个水到渠成的过程，每一滴汗水都会浇灌出成长的果实，每一次坚持都是对自我的一次挑战。我们生而平凡，我们也生而不凡，每一个人都是独一无二的自己。只要我们有宽广博爱的胸怀、甘于奉献的精神、坚持学习的热情、战胜困难的勇气、坚持不懈的毅力，我们都可以塑造不平凡的人生。

希望你们都能用实际行动去诠释“劳动最光荣、劳动最崇高、劳动最伟大、劳动最美丽”的理念，你们一定会在平凡中创造非凡，在挑战中超越自我，在自己的人生赛道上跑出自己的加速度。

作为一名职业女性，我深刻理解平衡家庭与事业的不易；作为一名女儿，从参加工作以来，我很少有时间陪伴父母，很多个春节都在加班加点搞科研，但是我尽可能地给予他们渴望的生活；作为一名母亲，我在孩子出生前一小时的深夜还在工作，孩子出生后住在ICU生死未卜时我也在工作，孩子还没满月我就上班了，每年出差100多天，每天加班到半夜，几乎很少能看见孩子，但是我尽可能地做一些高质量的陪伴，比如坚持母乳喂养13个月，只要不出差都会给孩子做一顿丰盛的早餐，给孩子更多的精神陪伴；作为一名妻子，我几乎是十指不沾阳春水，我的丈夫替我承担了几乎全部的家庭琐事和所有可以代办的业务。

为了节省时间，我拒绝一切商务应酬，我能做的就是在哪儿工作，家就搬到哪儿，我的家和办公室相隔不到500米，每天为我节省了大量时间，我喜欢这样简单的人生。

我想鼓励所有的女性同胞，尤其是年轻一代，要自信地拥抱自己的人生，无论是在职场上的雷厉风行，还是在家庭中的温柔呵护，都是可以自由切换的。在职场上不必害怕展现真实的自我，有时候正是因为这份独特，让世界更加多彩；在生活中也不必过于焦虑，有时候正是因为这份松弛，才让人生更加自由；在抉择时更不必瞻前顾后，有时候正是因为这份直觉，才让自己更加立体，所以女性在追求事业的同时，也要享受到生活的美好。

总之，无论你是赛道上的奔跑者，还是生活中的筑梦师，不要怕做出每一步努力、每一次尝试，即使在前人没有涉足过的领域，女性同样拥有自由探索的权利。不要太在意周围的眼光，当你奔跑时，周围的一切都会成为沿途的风景。

叁 匠心、制造

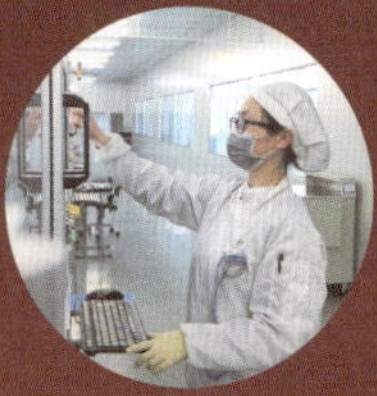

黄金娟

从零到一的创造者

细节之美的追逐者

黄金娟，1964 年生

成功研制国内首条电能表自动化检定流水线

首位获得国家科学技术进步奖的女职工

2019 年获评全国五一劳动奖章

> 创新来源于生产实践，创新不仅仅只是高大上的东西，我们要善于观察、勤于思考，要勇于提出自己的新想法新创意。

1984 年夏天，年仅 20 岁的黄金娟走出浙西电力技校，来到绍兴电力局，开始从事电能表的实验室计量检定工作。每天做的工作就是站在密密麻麻的各种接线前，眼睛一刻不停地盯着刻度与报表，快速校验比对，再一一将电能表与接线连接、检定。

她这一站，就站了几十年。2006 年，在当时电力系统普遍实行人工检定的大环境下，黄金娟敏锐地意识到，传统电能表检定方式已无法匹配实际需求，必须寻求新的突破。经过不知多少个日夜研磨，她脑海中慢慢萌发出利用自动化控制技术实现电表智能化检定的想法。

然而，这在当时并不被周围人认同，很多同行感觉难度太大。“既然是研究发明，就应该允许失败！”为了尽快找到合作伙伴，黄金娟开始奔走于电表制造商之间，从丹东到深圳再到南京，一个多月走下来，四处碰壁。

重重困难，没有动摇黄金娟心中的理想。“那么多生产电能表标准装置的厂家都做不来，我们这套电表检定系统必须得定制了。”黄金娟迅速调整方向，确定了以自动化控制为主带动电能表自动检定流水线的思路。她一边将想法一步步充实为详尽的技术方案，一边继续了解国内外最新行业动态，收集资料、做功课，向业内专家和厂家技术人员虚心请教。终于，她找到了理想的合作伙伴。

孜孜不倦地攻关，最终有了回报。在黄金娟的带领下，科研团队成功研制出国内首条电能表自动化检定流水线，于2011年实现了电能计量检定效率较传统人工提升了58倍，检定准确率更是达到100%，实现了电力计量检定技术的跨越式发展。

“只要身在工作岗位，黄金娟一贯的作风就是工作之中零差错，各项工作无小事，当细心精心。”当初一起参与流水线建设，现任国网浙江电科院计量中心检定室主任的徐永进说：“工作细节太重要了！任何一个环节出问题，整个流水线都有可能停摆。”徐永进讲述了当时几件至关重要的“小事”：为了获取自动接拆线的气缸最佳推力值，连续试验了数千次；为了实现自动加封、提高防伪性能，提出多套设计方案，并反复验证其可靠性和安全性……讲到动情之处，徐永进还伸手比画当初做试验的情景，“为了让机械手顺利拿出表计不粘连内膜，我们还反复调整了上百次抓取顺序和表计排列。”

“创新来源于生产实践，创新不仅仅只是高大上的东西，我们要善于观察、勤于思考，要勇于提出自己的新想法新创意。”这句话黄金娟时常挂在嘴边。

“对话”

问：您目前主要负责的工作内容是什么？您的工龄有多少年？

黄：我长期从事电能计量技术工作，工龄已超过 35 年。

问：女性从事这份工作的优势是什么，劣势又是什么？如何克服困难逐渐取得成绩？

黄：女性往往具有独有的细致和耐心，在电能计量检定领域，需要更多关注细节、关注计量的准确性，这是女性具有的非常重要的优势。同时，女性往往具有良好的沟通协调能力，在团队中也能表现出色。在科技快速发展的今天，一个人要做成事很难。一路走来，我觉得团队对个人的影响是巨大的，我们要善于合作，要有团队意识，团队可以带给你无穷的力量。

女性工人碰到的最主要也是最实际的难题可能就是如何找到工作和家庭之间的平衡点，因为生儿育女、照顾家庭是我们无可回避的责任。在这一点上，我很幸运，家人非常理解支持我的工作，当然我也尽可能利用业余的零碎时间来照顾家庭，履行妻子、母亲和女儿的责任。这个平衡的过程往往需要付出更多的艰辛。

2010 年，第一套大规模自动化检定系统试点建设，当时我已经 46 岁了。因为工作需要，我离开生活了半辈子的家乡绍兴，独自一人来到另一个城市嘉兴，作为技术总协调人投入项目建设，在嘉兴一待就是整整 5 年。当时我先生因为要工作并照顾家里老人留在了绍兴，我女儿在外学习，一个家庭被拆成了 3 个地方。我一到周末就在两个城市来回赶。那时不管工作多忙，每天晚上给先生和女儿发个信息成了我的一个生活习惯，也是我感觉最幸福的时刻。

我把自己的感悟总结为三句话。第一，因为工作本身是不分男女的，也没有区别对待，所以只能全力以赴。第二，

困难和问题不可怕，只要方向是对的，困难和问题越多，恰恰说明这个事情做成的意义越大。

用它来自我勉励。第三，一旦认定了目标，就要坚持到底，不轻易退缩，虽然有时候我们无法控制结果，但能做到在奋斗的过程中不留遗憾。

问：工作中印象最深刻的、感觉难度挑战最大的是什么？

黄：2007 年，我大胆提出了电能表智能检定的思路，这个想法在

付诸实施的过程中很艰辛，也很具挑战性。当时我去寻访合作伙伴，去了深圳、昆明、沈阳等地，后来了解到南京在召开自动化展览会，又赶去南京。大家都说这是一项原创新非标产品且涉及多领域、多系统，难度极大，最终的结果都是我们向厂家招招手，厂家向我们摇摇头。当时的感觉不仅是身体上的疲惫，更是心理上的打击和绝望。但是我们没有被打倒，一旦认准了方向，就得百折不回，执着向前。

问： 最难忘的工作细节是什么？内心最自豪的工作成就是什么？

黄： 最令我难忘的是在嘉兴建设第一套自动化检定系统的过程中，我们团队都离开了家乡和熟悉的工作环境，领导和员工同吃同住，大家拧成一股绳，一起熬夜通宵。条件艰苦、工作压力大，但大家好像都感觉不到苦，只觉得每天都充满了动力，面对高强度的挑战和压力，从不退缩，毫无怨言。

我内心最自豪的工作成就在于创新了智能化计量检定作业工法，为电能表大规模检定开辟了一条模块化、标准化、自动化的全新道路，引领了我国计量检定自动化、智能化发展方向，为提升电、水、气等计量仪表的质量水平提供了有效的解决方案，为我国计量检定技术走向世界奠定了坚实的基础。

同时，为了让我们的这项技术能在国际上得到更好地推广应用，2018 年我提出了 IEC 国际标准的建设，并作为项目负责人，在团队的共同努力下，通过近 5 年的时间，于 2024 年 4

月 23 日，《IEC 62057-3 电能表测试设备、技术和程序 第 3 部分：电能表自动化试验系统（AMTS）》国际标准正式发布，这是中国第一次在 IEC/TC13 成功立项，第一次牵头制定的国际标准成功发布，让中国制造技术走向世界。

问： 工作中的创新思路是从哪儿来的？

黄： **创新的思路来自解决实际工作中遇到的难题，用发展的眼光和思维追求技术的不断进步。只有坚持创新，才能守住初心。**

在创新过程中，一旦认定方向，即使面对天大的困难，也须披荆斩棘破浪前行。难度越大，从另一个侧面说明努力的意义越大，价值越高。

我的整个职业生涯都在围绕“怎么提升电能表计量检定的质量和效率”进行苦苦钻研探索。30 多年来，我先后在县、市、省级单位干计量，经历了工人、班组长、市级计量中心主任工程师、省级计量中心技术负责人等多个岗位。我始终认为，岗位可以变，初心不能忘，宗旨不能变。企业哪里质量要提升，哪里不安全，哪里效率低，哪里成本高，我就在哪里动脑筋、搞创新，一辈子干好这一件事。

在这个过程中，我最大的感受就是要勇于发现问题，这是创新的出发点，必须立足于实际的需求，服务于社会发展，这也是我作为一名产业工人的初心。

问：攻坚克难的动力在哪里？

黄：我从事的是电能表计量检定工作，说白了就是我们家家户户用的电能表，在出厂后安装前必须根据国家计量检定规程的要求，开展严格的质量检验，确保计量准确。这是一个小专业，但守护的是法制计量的公平公正，关系的是万千百姓的切身利益。在这一行，我干了 38 年。

当时电能表检定依靠人工完成上下料、接拆线、加封等 11 道工序，效率低下。全员加班加点仍无法满足社会用表需要，高强度人力劳动也损害了员工的身体健康。虽然可以通过计算机程序控制检定，但仍存在大量重复性、机械性劳动，而且直观和通电检查人工识别，易出差错，检定过程带电作业存在安全隐患。

2007 年，我提出了电能表检定机器替换人的思路，希望将工业自动化技术和计量检定的专业要求结合起来，实现计量检定全过程自动化。但是计量检定是一个比较复杂的作业流程，每个流程的技术参数要求都非常严苛，所以在当时的技术环境下，要实现检定全流程的自动化，近乎异想天开，大家都觉得不可能。

我带领两个徒弟，利用业余时间，从家里开始研究。通过查资料、画草图、做方案，经过半年努力，一步步将初步的思路转化为一个详细研发技术方案。方案得到了单位领导的高度重视与大力支持，经多方评估，认为项目技术领先，并且具有重要意义，前景广阔。根据研发需要，单位抽调技术骨干，组建项目团队，落实研发资金和场地，于 2009 年在绍兴创建了国内外首套自动化检定工程样机。

工程样机成功研发后，得到了浙江省电力公司、国家电网公司的高度重视，大家看到了大规模开展智能化计量检定的希望。2010 年，国家电网公司投入资金在浙江试点建设，我也因此从绍兴计量中心调入浙江省计量中心，作为技术负责人带领团队于 2012 年在嘉兴建成了首套大规模电力表计智能检定系统，实现了计量检定全过程作业的智能自动化。

在这个过程中，最重要的动力是对工作的热爱和兴趣，是对专业成就的追求。岗位创新是一件非常艰辛的事情，会遇到许多无法预知的困难。但我始终相信：只要方向是对的，就一定要坚持，要敢于面对问题，不回避不逃避，在创新过程中，信心比金子更重要。

问：您所在的行业，这些年发生的最大变化有哪些？您的感受是什么？

黄：我所从事的是电能计量检定领域，这些年通过我们计量人的共同努力，最大的变化是电能计量检定工作实现了由人工向智能化的变革，检定能效由人均 80 只 / 天提升到 9000 只 / 天，效率提升 112 倍，人员精简 90% 以上，检定可靠性达 100%，全面实现了计量检定的智能自动化。

在这个过程中，我最大的感受就是只有坚持创新才能守住初心。

问：您是怎么理解工匠精神，工匠精神又是如何在您的工作中体现的？

黄：作为工匠，首先要发扬专注的精神，就是对工作要保持极端负责、精益求精的态度；其次要有追求完善的精神，就是有精品意识，产品没有 99%，只有 100%，没有最好只有更好，不断地追求完善。再次要耐住寂寞，一辈子认准做好一件事，坚守初心、日积月累、久久为功。最后要团队协作、共同提高。一个人可以走得很快，但不能走得很远，只有一群人才能走得更远。人在一起是聚会，心在一起是团队。只有我们的心紧紧地连在一起，才能真正成为一支有效的团队。

在日常工作中，我始终牢记做一名优秀工匠、精益求精的初心，一如既往地在自己的岗位上爱岗敬业、争创一流，攻坚克难、勇于创新，追求完善、甘于奉献，以高度的主人翁责任感发挥专长技能，在企业科技创新和经济发展中发挥作用。同时，要充分发挥模范带头作用，始终保持和发扬工匠精神，并帮助带动身边的职工共同进步、共同成长，在企业经济转型、创新发展中引领创新，不断作出新的卓越贡献，以薪火相传的工匠精神奋斗新时代，共筑中国梦。

问： 您对未来有哪些期待，有哪些想做的事情？

黄： 我刚参加工作时，得到了众多前辈师长的关心和指导，他们将技术传授给我，他们的精神也影响了我。现在，我也将继续通过自己的一言一行，影响我徒弟这样的年轻一代。这种精神和影响的薪火相传，是企业最宝贵的东西。

现在，我想继续在计量、测量领域作出新的贡献，帮助企业开展测量、质量管理体系建设，并将文件化的体系通过建立数学模型、数据模型，通过 AI 人工智能、大数据分析等，实现智慧实验室管理、测量管理体系智能管控，让企业在计量、测量领域不断提升质量、提高效率。

问： 对于各行各业的女同胞们和年轻人，您最想对她们说什么？

黄： 我把自己的感悟总结为几个词：积累、创新、坚持、感恩。我们要通过不断地学习来积累力量，用创新的思维去发现问题、解决问题，一旦认准目标就要坚持到底。而岗位创新离不开单位的支持和团队的帮助，我们要始终心怀感恩，只有这样路才能越走越宽。

戚　红

匠心点亮人生的钢铁『裁缝』

戚红，1968 年生

零事故切出近 5 亿片铁心片

2016 年获评全国五一劳动奖章；2020 年全国劳动模范

> “别人用布裁剪，我用硅钢片裁剪。尽管方式不同，但要实现‘美丽人生’，必须始终怀有一颗匠心。”

戚红1989年从保定变压器厂技工学校毕业，同年被分配到保定天威保变电气股份有限公司，从事变压器铁心片剪切工作。

30多年来，戚红执着于她的事业——“切铁”，将0.3毫米厚、1000米至2000米长的硅钢片卷料，通过设备剪切成不同形状、不同尺寸的铁心片。硅钢片又硬又脆，非常难操作，对尺寸和毛刺儿的要求近乎苛刻：最大误差不能大于0.5毫米，0.02毫米则是毛刺儿的最大极限。

“如果把不合格的产品装到变压器上，会造成数以万计的损失。这要求我们在工作中必须精益求精。”为此，戚红提出了“三心工作法”，即耐心、多心、精心。耐心就是看图纸要耐心，各项数据、各种图形查清楚、看仔细，按图加工不毛躁；多心就是在对尺时要坚持自检和互检，检查工作不能一人包；精心就是精心操作不出废品。按照“三心工作法”，戚红切出近5亿片铁心片，从未出现过质量事故和技术事故。

在变压器生产企业，缺陷片和料头、料尾的再利用是个难题，过去一直沿用传统的“梯形片断料法”，但会加重工人的劳动强度，降低产品性能。戚红研究出“平行四边形断料法”，工作效率提高一倍，材料使用率提高20%。仅此一项技术每年可节约原材料40吨，此工艺已应用20多年。

戚红说：“过去讲‘咱们工人有力量’，往往是从体力层面说的，现在员工要有力量，更要勇于创新，争做学习型、创新型工人。”她率先垂范，不断加强学习，在清华大学举办的中央企业班组长管理能力资格认证培训中荣获“优秀学员”称号。戚红竭尽全力做好技术创新工作。随着公司的发展，五柱产品等新产品陆续投入生产。五柱产品片形多、数据复杂，加工难度很大。戚红根据设备特点，研究出套裁方式，独立编制了剪切程序，攻克了五柱产品铁心剪切难关，实现了该产品的快速达产。

2018年，为了更好地发挥劳模工匠榜样示范作用，带动更多年轻职工成长成才，戚红牵头创建了“戚红劳模创新工作室”，开展技术攻关、职工培训。截至2023年，该工作室共完成专利申报15项、科技创新5项、小改小革20余项。她所在班组的15人中，年轻职工已超半数，在戚红的言传身教下，个个都能独当一面。

“别人用布裁剪，我用硅钢片裁剪。尽管方式不同，但要实现‘美丽人生’，必须始终怀有一颗匠心。”这是戚红多年来一直执着坚守的工作理念。

刘宏

在焊花中绽放光芒

刘宏，1970 年生

开发出适应野外恶劣环境施工的 800MPa 级水电钢配套焊材

2009 年获评全国五一劳动奖章；2012 年全国劳动模范

“当年因为喜欢所以选择了干焊接，人的一生如果能干自己喜欢的工作，是非常幸福的一件事。”

刘宏常说，光看焊工的“焊”字，就知道守着“火”、顶着“日”干活，是焊工的常态。在焊接这个辛苦的行业里，刘宏已经耕耘了30多年。

18岁的刘宏进入首钢工作，刚进厂就被璀璨的钢花深深吸引，主动请求学习电气焊。为了干好焊工，她连过“蹲关”“苦肉关”“理论关”，2005年晋升为电焊高级技师，成长为首钢焊接工艺的技术能手。她先后总结出4个最佳操作法，为企业年节约成本百万余元。2009年3月，刘宏参加中国首届焊工电视大赛，取得第一名，荣获“劳动榜样”称号。

2011年，刘宏调到首钢技术研究院工作，带领团队从事新钢种的可焊性试验、新焊材开发和为用户提供技术服务，为祖国大型工程建设和科技发展作出了突出贡献。

为解决800MPa级水电钢应用中国产焊材冲击难达标的技术难题，刘宏凭借丰富的现场焊接经验成功开发出适应野外恶劣环境施工的800MPa级水电钢配套焊材，让首钢中标老挝色边—色那姆水电站项目。首钢钢板+配套焊材+焊接工艺一体化解决方案，完全取代国外进口产品，大幅度降低了建设成本，极大提升了中国水利水电工程的国际竞争力，仅水电站焊材一项就节约 3 亿元，荣获国家科学技术进步奖二等奖。

万众瞩目的北京冬奥会滑雪大跳台，也离不开刘宏的贡献。刘宏作为大跳台专家组成员，严把焊接施工质量关，在夏日冒着高温坚持在大跳台施工现场进行指导，指出焊工操作的技术问题，要求施工单位改正并保证今后避免再次出现类似情况。为满足防火要求，大跳台裁判塔使用耐火耐候钢，但缺乏配套焊接材料。刘宏带领团队成功开发了埋弧焊丝、气保焊丝、电焊条，并用于大跳台裁判塔施工。大跳台建成后，成为世界首例永久性保留和使用的滑雪大跳台，全程参与建造的刘宏，为此感到格外骄傲和自豪。

焊接事业需要不断传承，这些年刘宏除了在工作上努力创新，最大的心愿就是“传帮带”。她把自己多年的实践经验，向徒弟一对一地讲解，毫无保留地传授给他们，学习上严格要求，生活上关心爱护，通过言传身教，带出了 7 名高级技师、1 名技师、12 名高级工，他们多次在各级焊工比赛中斩获大奖。看到徒弟们成长成才，刘宏由衷地为他们感到骄傲和自豪。

“当年因为喜欢所以选择了干焊接，人的一生如果能干自己喜欢的工作，是非常幸福的一件事。”对焊接事业的热爱早已经融入了刘宏的骨血中，她把人生中最灿烂的时光凝聚在焊枪上，在焊花中绽放着属于她的光芒。

“对话”

问：您目前主要负责的工作内容是什么？您的工龄有多少年？

刘：我从事新钢种的可焊性试验、新焊材开发及用户技术服务等工作。工龄 36 年。

问：女性从事这份工作的优势是什么，劣势又是什么？如何克服困难逐渐取得成绩？

刘：女性的优势是比较细心、耐性强，能够长时间从事重复性工作。劣势是体力较男性差，还有女性自身的生理状况影响。焊接需要长时间蹲着或者坐着进行工作，对手部的稳定性要求很高，同时还要求眼睛注意观察，非常辛苦。

为了苦练焊接基本功，我不顾被烟尘呛得头晕眼花，眼睛被弧光晃得又红又肿，四肢被烫得瘢痕累累，仍坚持勤学苦练。在突破“蹲关”“苦肉关”“理论关”三关，付出了“减肥”近 20 公斤的代价后才取得上岗资格。

问：工作中印象最深刻的、感觉难度挑战最大的是什么？

刘：2009 年我参加 CCTV 劳动榜样中国首届焊工电视大赛，决赛项目是要求在点亮的灯泡上捆上 0.5 毫米细铁丝，用气焊割断铁丝同时灯泡保持完好无损。灯泡熔化温度 600 摄氏度，铁丝熔化温度 1500 摄氏度左右，气割火焰温度 2800 至 3200 摄氏度。用最高温度切断铁丝，用最低温度保持物体完好无损，这不仅要有坚实的理论基础，还要有良好的心理素质、高超的技能，眼睛仔细观察并做到手眼完美配合，做到手起丝断，焊把迅速离开。

问：最难忘的工作细节是什么？内心最自豪的工作成就是什么？

刘：面对 800MPa 级水电压力钢管用钢焊接接头低温韧性难达标的行业性难题，国内既没有满足要求的钢板也没有配套的焊材，进口焊材每吨需要 40 多万元，但焊后性能还是不能满足用户要求。

我充分利用自己的技能特长，通过对神钢、奥林康、伊萨、大西洋等国内外一线焊材进行工艺性评价，提出了详细的焊材改进方向。经过多轮次试验，我们课题组最终成功开发出适应野外恶劣环境施工的 800MPa 级水电钢配套焊材，达到国际先进水平，突破了 800MPa 级水电钢应用的行业难题。

凭借焊材质量及技术服务的优势，首钢在严酷的市场竞争中脱颖而出，以非最低价中标国内承担施工的首个国外 800MPa 级水电钢项目——老挝色边—色那姆水电站项目，并已广泛应用于 30 多个国内外高水头大型水电站。

问： 工作中的创新思路是从哪儿来的？

刘： 我所在的刘宏技能大师工作室是一个由博士、硕士研究生和技能人才组成的团队，高学历研发人才重理论轻操作，高技能操作人才则恰恰相反。我们这种工作模式将研发人才的理论知识和技能人才的实操技能有效结合，直接应用于焊接试验，可以让焊接试验少走弯路，实现产学研有机结合，产生了 1+1 远大于 2 的效果。

问： 攻坚克难的动力在哪里？

刘： 首钢全面加强三支人才队伍建设，为各类人才的成长与发展搭建创业的平台和干事的舞台，开通其职业发展的绿色通道。其中，技能人才享有从初级工到高级工，技师、高级技师再到技能操作专家，最终到首钢工匠的纵向晋升体系，并与专业技术、经营管理两个通道横向互通。获评首钢工匠一次性奖励 10 万元，每个月再加 1 万元津贴。这样技能人才有了奔头，就有了在岗位上攻坚克难的动力。

问： 您所在的行业，这些年发生的最大变化有哪些？您的感受是什么？

刘： 在科技革命背景下，行业对劳动者知识技能水平、素质结构等都提出全新要求。比如人工智能和大数据技术应用，使大量职业、岗位面临转型和替代。以我从事的焊接行业为例，自动化焊接技术不断升级，工业机器人应用场景越来越多，我们工作室目前就有 4 台工业机器人，焊接设备也从手动发展到半自动、全自动、智能化设备。这些新技术新设备的应用，对技能操作者提出更高要求，技能操作人员必须不断学习，才能不被淘汰。

问： 您是怎么理解工匠精神，工匠精神又是如何在您的工作中体现的？

刘： 匠心在于全身心投入、精益求精、一丝不苟，在日复一日的工作中，守得住心耐得住寂寞。2022 年北京冬奥会形似“水晶鞋”的滑雪大跳台，是由首钢建设的。大跳台是钢结构工程，由箱型框架柱、V 型钢柱、钢桁架组成，最大长度 160 多米、宽 30 多米、高 60 多米，焊接工程量非常大，光焊丝填充量就得 160 多吨，还包括多种接头形式和各种位置焊接，操作复杂，难度极高。

为了高标准、高质量完成大跳台工程，首钢成立了由我师父王文华、我和我的徒弟老中青三代焊工组成的专家组，对参与项目的电焊工进行严格的理论和实操考试，择优上岗。施工开始后，我们坚持在大跳台钢构焊接现场进行指导，仔细查看每个构件，一边检查焊接质量，一边进行拍照记录。对一些不按焊接工艺操作的问题，及时纠正，规范焊工的实操习惯，同时要求施工单位制定严格的质量保证措施。大跳台结构安装开始后，师父和我每周都要跑现场，每天早上 6 点多钟进入工地，为了能见到夜班和白班的焊工，和他们进行交流，帮助他们解决施工中的问题。

问： 您对未来有哪些期待，有哪些想做的事情？

刘： 除了在工作上努力创新、争作贡献，我最大的心愿就是“传帮带”，把我掌握的技能传下去，培养更多的优秀焊接人才。

问： 对于各行各业的女同胞们和年轻人，您最想对她们说什么？

刘： 女性发挥好自己的优势，工作成绩会比男性更好。希望广大女同胞自立自强、努力拼搏，在工作岗位上绽放光彩。年轻人，未来是属于你们的，加油吧。

韩利萍

初心不改航天梦

韩利萍，1971 年生

航天首席技师，大国工匠

2012 年获中华技能大奖；2020 年全国劳动模范

“产品在我手中，质量在我心中，在这方面不能讲条件。”

1991年4月1日，是韩利萍人生中值得纪念的日子。这一天，韩利萍高中毕业后踏着父辈的足迹，进入519厂当了一名铣工。当时，正是中国航天探索空天奥秘加速发展的时期。在厂区家属院长大，从小耳濡目染的航天故事触动着她，老师傅们炉火纯青的操作技能和勇于奉献的精神鼓舞着她。师父张建国是出了名的劳动模范，也是一名党员。

在韩利萍心中，师父就是自己的榜样。

“当好铣工，可不是一朝一夕的功夫，需要日积月累，久久为功。”师父这样告诉她。韩利萍的技能基础并不好，也没少哭鼻子。她用报废的刀具在砂轮上一遍遍练习，手一次次被磨破，钻心的疼。

2005年5月20日，又是韩利萍人生中一个值得铭记的日子。这一天，她光荣地成为一名共产党员。在黄崖洞兵工厂旧址，她举起右手庄严宣誓。新的身份鼓舞着她在科研生产任务中越战越勇。

那时适逢数控机床起步的阶段，为了攻克数控机床难题，她煞费苦心。同事托人从北京买来一本数控编程方面的书，3个晚上的时间，她把250多页的书一字不落地抄了下来。从此，这个手抄本就成了她的“导师”。一个本子翻烂了，韩利萍也从一无所知的数控“菜鸟”逐渐成长为一名精通操作、编程和工艺的复合型高技能人才。

那时也恰恰是生产任务大幅度提升的阶段，她常常一个人承担 3 台机床编程调试的任务。她和同事们一天 24 小时不离开机床。身为班组长的她，除了保任务、保节点，还肩负着“传帮带”的重任，无论多么忙，晚上都要组织大家上编程课。工作中，谁干得好、干得快，谁有什么诀窍，她都让大家讲出来分享。在她的带动下，她所在的班组成了厂里“数控加工的摇篮”。

一代人有一代人的使命。回想当年的那段日子，有苦，有泪，但更多的是荣耀，韩利萍称那是一段“激情燃烧的岁月”。

初心不忘，心中的引擎永不熄灭，才不会在时间的长河中迷失方向。从一名普通的工人成长为一名大国工匠，韩利萍“铸造大国重器、托举航天梦想”的初心始终未变。这份初心也激励着她为航天强国的梦想继续前行。

“对话”

问： 您目前主要负责的工作内容是什么？您的工龄有多少年？

韩： 主要从事航天地面发射装备关键件精密数控加工任务，1991 年参加工作至今 33 年。

问： 女性从事这份工作的优势是什么，劣势又是什么？如何克服困难逐渐取得成绩？

韩： 在传统观念中，数控加工似乎一直是男性主导的领域。然而，随着时代的发展，越来越多的女性也投身这一行业，并展现出独特的魅力和价值。

女性从事数控加工的优势是：

第一，细心与耐心。女性通常在细节处理上更为细心，这在数控加工中至关重要。对于复杂的零件加工，需要对程序、参数和工艺进行精确的设置和监控，女性的细心能够减少出错的概率，提高产品的质量。

第二，良好的沟通能力。在团队合作中，良好的沟通是关键。女性往往更善于倾听和表达，能够有效地与同事和客户进行交流，更好地理解需求和解决问题。

第三，较强的适应能力。面对不断更新的技术和工艺，女性能够迅速适应变化，积极学习新知识和新技能，跟上行业发展的步伐。

女性从事数控加工的劣势是：

第一，体力相对较弱。数控加工可能需要长时间站立，搬运较重的零件或工具，在体力方面，女性相对处于劣势。

第二，存在行业偏见。尽管社会在进步，但在某些工作环境中，仍然存在对女性从事数控加工的偏见和误解，这可能会给女性带来一定的心理压力。

克服困难并取得成绩的方法是：

第一，提升专业技能。不断学习和掌握最新的数控加工技术，参加培训课程、研讨会和在线学习，提高自己的技术水平，用实力打破偏见。

第二，保持自信和坚定。相信自己的能力，不被外界的偏见所影响。在面对挑战和困难时，保持积极的心态，坚持不懈地追求自己的目标。

总之，女性在数控加工中既有独特的优势，也面临着一些挑战。

只要充分发挥优势，勇敢面对并克服劣势，通过不断地学习和努力，女性同样能够在这个领域取得优异的成绩。

问：工作中印象最深刻的、感觉难度挑战最大的是什么？

韩：随着航天产品的快速发展和更新迭代，我们常常要面临新技术、新工艺和新方法的挑战，这种压力不仅仅来自技术的要求，更来自对航天事业的敬畏和责任感。

对于我来说，印象最深刻的往往是那些关乎重大航天任务的关键时刻。我在工作中感觉难度挑战最大的，首先是对零件的尺寸精度和形位公差的控制。复杂曲面结构件、弱刚性零件的工艺要求对数控加工技术提出了近乎苛刻的要求。为了达到某一零件的精度标准，我们需要不断优化工艺方案，反复调试设备，每一次调整都如同在走钢丝，稍有偏差就会前功尽弃。在加工过程中，材料的特殊性、复杂的几何形状以及极端的工作环境条件等因素，都使实现高精度成为一场艰难的战斗。

其次，创新技术的应用也是一大难题。随着航天科技的飞速发展，新的设计理念和材料不断涌现，这要求我们迅速掌握并运用最新的技术。当面对一种全新的数控编程软件和先进的加工刀具时，需要在短时间内熟悉并将其有效地应用到实际生产中，同时还要保证产品的质量和进度，这无疑是对学习能力和应变能力的巨大考验。

最后，多工序协同作业的复杂性也给我们带来了极大的挑战。一个航天部件的制造往往需要经过多个环节和不同部门的协同努力，如何确保每个工序之间无缝对接，保证信息准确传递和工作高效协同，是一个需要不断摸索的难题。

然而，正是这些巨大的挑战，激发着我们不断超越自我，追求卓越。以坚韧不拔的毅力和精湛的技艺，攻克一个又一个难关，为我国的航天事业铸就辉煌的篇章。

问： 最难忘的工作细节是什么？内心最自豪的工作成就是什么？

韩： 最难忘的工作细节是在长七火箭发射平台四通均流阀零件的加工任务中，为了控制 76 个不同尺寸孔隙加工精度要求，我和团队在数控机床前连续奋战了数月。每一次刀具的微调，每一个参数的设定，都如同精心雕琢一件绝世珍宝。当我终于完成那个零件，用检测仪器确认其精度完全符合标准的那一刻，我感受到了一种前所未有的满足。那种对完美的追求，那种全身心投入的专注，至今让我难以忘怀。

内心最自豪的工作成就，就是每一次火箭的成功发射。我深知，自己加工的每一个零部件都可能关系到整个任务的成败，当看到自己亲手打造的零件助力航天器在太空中稳定运行，为探索宇宙的征程贡献力量时，自豪感油然而生。

问： 工作中的创新思路是从哪儿来的？

韩： 丰富的实践经验是创新思路的重要基石。日复一日地在数控机床上操作，处理各种复杂的加工任务，我们对设备的性能、材料的特性以及工艺的流程了如指掌。在实际工作中遇到的问题和挑战，成为触发创新灵感的源头。通过不断总结经验教训，尝试新的方法和参数，逐渐形成了独特的创新思路。

跨领域的知识融合为创新打开了新的视野。我们不仅精通机械加工技术，还积极涉猎电子、计算机、材料科学等相关领域的知识。不同学科之间的交叉碰撞，常常能带来意想不到的启发。例如，将先进的计算机算法应用于数控编程，或者借鉴新材料的特性来优化加工工艺，都可能产生创新性的解决方案。

对前沿科技的密切关注也是创新思路的来源之一。时刻跟踪行业内的最新研究成果和技术动态，了解智能制造、增材制造等新兴技术的发展趋势。将这些前沿科技与传统的数控加工相结合，思考如何进行技术改造和升级，从而激发创新的火花。

团队内部的交流与合作同样孕育着创新思路。在与同事们共同探讨问题、分享经验的过程中，不同的观点和想法相互交织。一个人的困惑可能会引发其他人的思考，进而产生集体智慧的结晶——创新的思路和方法。

此外，客户的需求和反馈也是创新的驱动力。航天领域对零部件的精度、性能和可靠性有着极高的要求，客户提出的各种特殊需求促使我们不断突破传统思维，寻找创新性的解决方案以满足这些苛刻的条件。

最后，敢于质疑和挑战传统的精神为创新思路的产生创造了条件。不满足于现有的工艺和方法，勇于尝试新的途径和技术，不断探索未知领域，这种勇于创新的精神引领我们开拓出一条又一条独特的创新之路。

总之，我们的创新思路来源于丰富的实践经验、跨领域的知识融合、对前沿科技的关注、团队的交流合作、客户的需求以及敢于挑战传统的精神。这些创新思路共同汇聚，推动航天数控领域不断向前发展，实现一个又一个技术突破。

问：攻坚克难的动力在哪里?

韩：作为航天数控工匠，我们常常面临复杂而艰巨的任务，需要不断攻坚克难，突破技术瓶颈，为航天事业的发展贡献力量。

对航天事业的热爱与使命感无疑是首要的动力源泉。航天领域承载着人类探索未知、追求进步的梦想，每一个参与其中的工作者都深知自己的工作对于国家和民族的重要意义。当我们想到自己加工的零部件将被用于火箭、卫星和航天器，助力人类征服太空，内心便涌起无限的自豪和责任感，这种情感驱使我们在面对困难时毫不退缩，坚定地去攻克一个又一个难关。

对技术的痴迷和追求卓越的精神也是关键动力。航天数控加工要求极高的精度和可靠性，每一次技术难题的解决都是一次自我超越。

我们渴望不断提升自己的技艺，掌握更先进的加工方法和工艺，以满足航天工程对零部件的严苛要求。

这种对技术进步的执着追求，让我们在遇到困难时不是选择放弃，而是激发创新的思维，努力寻找解决方案。

团队的协作与信任同样给予我们强大的动力。在航天项目中，从设计人员到工艺工程师，再到一线的数控工匠，我们是一个紧密合作的团队。当遇到困难时，大家共同出谋划策，相互支持和鼓励。这种团队的凝聚力让我们相信，没有克服不了的困难，只要齐心协力，就能战胜一切挑战。

国家和社会的期望也是推动我们前进的动力之一。航天事业的发展备受瞩目，我们深知自己肩负着国家的重托和社会的期望。为了不辜负这份信任，为了让国家在航天领域取得更多的辉煌成就，我们愿意付出更多的努力，克服重重困难，为实现航天强国的梦想贡献自己的全部力量。

此外，个人的成就感也是不可忽视的动力因素。每一次成功解决一个技术难题，每一个高质量完成的零部件，都让我们感受到自己的价值和能力。这种成就感不仅满足了内心的渴望，更成为继续前行的动力，激励着我们在攻坚克难的道路上永不停歇。

总之，作为航天数控工匠，对航天事业的热爱、对技术的追求、团队的力量、社会的期望以及个人的成就感，共同构成了我们攻坚克难的强大动力，驱使我们在航天领域不断创新、不断突破，为我国航天事业的腾飞添砖加瓦。

问：您所在的行业，这些年发生的最大变化有哪些？您的感受是什么？

韩：作为一名航天数控铣工，我在这个领域深耕多年，见证了行业发生的一系列巨大变化。这些变化不仅推动了航天制造业的进步，也深刻地影响了我们每一位从业者的工作和生活。

过去的这些年，最显著的变化莫过于技术的飞速发展。如今，高精度的数控机床能够实现微米甚至纳米级别的加工精度，这在航天零部件制造中至关重要。复杂的航天结构件、精密零件，都依赖于这些高精度的设备来完成。

自动化和智能化技术的融入也是一大变革。以前，我们需要花费大量时间和精力进行编程、调试和监控加工过程。现在，通过先进的软件和智能控制系统，不仅编程更加简便高效，设备还能实现自我监测、故障诊断和自动调整，大大提高了生产效率和产品质量的稳定性。

材料科学的进步也为航天数控铣工行业带来了新的机遇和挑战。新型高强度、耐高温、轻量化的材料不断涌现，对加工工艺和刀具提出了更高的要求。我们需要不断学习和掌握新的材料特性，优化加工参数，以确保零件能够满足航天领域严苛的性能要求。此外，行业对于环保和可持续发展的重视程度也与日俱增。在生产过程中，更加注重节能减排、资源回收利用，推动了绿色制造技术的发展。

这些变化一方面让我为行业的快速发展感到骄傲和自豪。能够参与如此先进和具有挑战性的工作，为国家的航天事业贡献自己的一份力量，是我无比的荣幸。另一方面，变化也带来了巨大的压力和挑战。不断更新的技术和知识要求我们持续学习和自我提升，否则就很容易被淘汰。但正是有了这种压力，促使我不断追求进步，不断提升自己的技能水平，以适应行业的发展。

未来，我相信航天数控铣工行业将继续保持创新和变革的态势。作为从业者，我将以更加积极的态度迎接挑战，不断学习和探索，为推动我国航天事业的发展贡献更多的智慧和力量。

问： 您是怎么理解工匠精神，工匠精神又是如何在您的工作中体现的？

韩： 在航天数控加工领域耕耘多年，工匠精神这四个字对于我来说，有着无比深刻且独特的含义。

工匠精神，首先是对完美的不懈追求。在航天工作中，每一个零件、每一道工序都关乎着整个航天器的性能和安全，容不得丝毫差错。哪怕是一个细微的尺寸偏差，都可能导致严重的后果。因此，作为航天数控工匠，我们必须以极其严谨的态度对待每一个加工环节，力求将每一个零件都做到极致的精准和完美。这种对完美的执着，是工匠精神的核心体现。

其次，工匠精神意味着持之以恒地创新。航天领域的技术在不断发展，新的材料、新的设计层出不穷。我们不能满足于现有的工艺和方法，而是要不断探索、创新，寻找更高效、更优质的加工解决方案。通过不断改进工艺、优化程序，适应航天工程日益复杂和苛刻的要求。

最后，工匠精神是一种坚守与担当。航天项目往往周期长、任务重，在漫长的加工过程中，会遇到各种困难和挑战。但我们不能退缩，不能放弃，要有坚守岗位的毅力和决心，承担起自己的责任，确保任务按时、高质量地完成。

在实际的航天工作中，工匠精神处处得以彰显。比如，为了达到某一零件的高精度要求，我们可能会反复调试设备，精心选择刀具，进行无数次的试验和改进，直至达到理想的精度。在面对紧急的生产任务时，我们会主动加班加点，不计个人得失，只为确保项目进度不受影响。

又如，当遇到新的加工难题时，整个团队会齐心协力，共同研究解决方案，充分发挥每个人的智慧和经验。这种团结协作、攻坚克难的精神，也是工匠精神的重要组成部分。此外，我们还会主动传承技艺和经验，培养新一代的人才，让工匠精神得以延续和发扬。

总之，作为航天数控工匠，工匠精神是我们的职业信仰和追求。它激励着我们在平凡的工作岗位上，创造出不平凡的业绩，为我国的航天事业贡献自己的力量。

问：您对未来有哪些期待，有哪些想做的事情？

韩：作为一名投身于航天领域的女性数控工匠，我对未来充满了无限的期待，心中也怀揣着众多想要去实现的梦想。

我期待在未来的航天事业中，能够看到更多女性的身影活跃在数控加工一线。我们不仅能以精湛的技艺和坚忍的精神在这个领域立足，还能共同推动行业的发展，打破性别带来的职业偏见和限制，为更多有志于此的女性开辟广阔的道路。

在技术层面，我渴望见证数控加工技术的革命性突破。随着人工智能、大数据和新材料的不断发展，我希望能够将这些前沿科技融入航天数控加工中，提高加工的精度、效率和创新性。我期待自己能够成为新技术的探索者和应用者，为打造更先进、更可靠的航天零部件贡献力量。

在个人成长方面，我希望有更多机会参与国内外的高端培训和学术研讨活动。与行业内的顶尖专家交流合作，学习最新的理论和实践经验，不断丰富自己的知识储备，提升专业技能，以适应航天领域快速变化的需求。

在项目参与上，我梦想能参与到更具挑战性和开创性的航天任务中。从新一代的运载火箭到深空探测飞行器，每一个关键零部件的制造都能留下我的印记。我希望通过自己的努力，为提升航天器的性能和可靠性提供有力的技术支持。

同时，我也想在团队协作中发挥更大的作用。作为女性，我注重细节、善于沟通，希望能够将这些特质充分发挥，促进团队成员之间的交流与合作，营造一个更加和谐、高效的工作氛围。

此外，我还希望能够积极参与航天科普和教育活动，走进校园和社区，向年轻一代特别是女孩子们讲述航天数控加工的魅力和可能性，激发她们对科学技术的兴趣，培养未来的航天人才。

未来的路还很长，但我充满信心和期待。我将以坚定的信念和不懈地努力，在航天数控加工领域书写属于女性工匠的精彩篇章。

问：对于各行各业的女同胞们和年轻人，您最想对她们说什么？

韩：无论你们身处哪个行业，都要相信自己的力量。我们生活在一个充满无限可能的社会，性别不应成为限制我们追求梦想的枷锁，年龄也不应成为阻碍我们前进的藩篱。作为女性，我们拥有独特的视角、细腻的情感和坚忍的毅力，这些都是我们在工作和生活中无可替代的优势。

各行各业的女同胞们，不要害怕挑战传统观念，勇敢地去追求自己真正热爱的事业。我们可能会面临诸多困难和质疑，但每一次克服困难，都是一次成长；每一次打破质疑，都是一次胜利。在追求梦想的道路上，我们要相互支持、鼓励，共同进步。记住，我们的价值不仅仅体现在家庭中，更体现在我们为社会、为行业所作的贡献里。

年轻的朋友们，你们拥有无尽的活力和创造力，这是你们最宝贵的财富。不要害怕失败，因为每一次失败都是通向成功的宝贵经验。勇敢地尝试新事物，开阔自己的视野，不断学习新知识、新技能。在这个快速发展的时代，只有不断提升自己，才能跟上时代的步伐。

无论你们选择了什么职业道路，都要保持一颗敬业、专注的心。航天数控工作教会了我，只有对每一个细节精益求精，对每一个任务全力以赴，才能达到卓越的境界。这种工匠精神，在任何行业都是成功的关键。

最后，我希望大家都能坚守自己的初心，勇敢面对生活和工作中的困难与挫折。相信自己的能力，相信未来的美好，用汗水和智慧书写属于自己的精彩篇章。

愿我们都能在各自的领域绽放光芒，为实现自己的梦想，为创造更美好的世界而努力奋斗！

罗英

初心为报国　强核绽英姿

罗英，1971 年生

联合团队研发中国自主知识产权华龙一号龙系列反应堆设备

2013 年荣获全国五一巾帼标兵；2014 年荣获全国三八红旗手

“越是困难的时候，越是要沉住气。”

从小时候开始，罗英就习惯了追着时间跑，“越是困难的事情，我越想要去尝试”。罗英出生在“九○九基地”，那是我国核动力事业的发源地。在她的记忆里，父母总是很忙碌，周围的人也都脚步匆匆。“只要祖国需要，我们就愿意奉献。”这大概是幼时的她最常听到的一句话。耳濡目染之下，一颗要为祖国争光的梦想种子就在她的心里发了芽。有一天，罗英收到了一个特殊的礼物——一块反应堆压力容器壳体切割下的边角料，这是来自长辈的嘱托，希望在一代代核工作者的努力之下，我们国家能够在国际核电舞台上扬眉吐气。彼时的她接过这份饱含深意的小物件，也接过了一代人手中的“火炬”。

1993 年，罗英进入中国核动力研究设计院，接手了人生中的第一个大项目——秦山核电站二期扩建工程。反应堆压力容器是核反应堆的关键设备，当时还是由韩国斗山重工制造厂承制。罗英主动申请去韩国驻厂监造学习，这一去，就是 600 多天。600 多个日日夜夜，身在异国他乡，肩负着强核报国的使命感，即使面对重重困难，罗英全都咬牙坚持了下来。“一体化堆顶结构方案”是罗英带领团队接下的又一块硬骨头。“那时候真是没日没夜地熬啊。”在通风试验里，大到风机的功率性能，小到每一个传感器的参数型号，罗英都会严格把关，挨个确认，确保无差错。正是有这种“豁出去”的精神，团队才把这块“硬骨头”啃了下来。2021 年 1 月，全球第一台华龙一号——中核集团福建福清核电 5 号机组投入商业运行，那一刻，罗英感受到“孩子”呱呱落地的激动与喜悦，这是她和团队多年来用心培育的成果，也是属于她的圆梦时刻。

2016 年，在第 24 届世界核妇女大会上，罗英作为中方代表之一，从主办方手中接过大会旗帜，迎接世界核妇女大会在中国首次举办。也是在这一年，罗英创新工作室成立，通过汇聚核动力优秀女性英才，携手践行“强核报国，创新奉献”的新时代核工业精神。攻克技术难题，培养创新人才，孵化大国重器，收获国家荣誉，她们一直在路上。从无序的创新摸索到有序的创新落地，再到跨界的创新突破，罗英带领团队一步一脚印，稳步向未来。

夜深了，罗英创新工作室的灯还亮着，陪伴她的是卷帙浩繁的文件与图册、国家前沿需求的任务和计划……心中那颗报国梦的种子早已枝繁叶茂，向更深的强核土壤中扎根生长。

“对话”

问：您目前主要负责的工作内容是什么？您的工龄有多少年？

罗：我目前从事核反应堆研发设计和数字化智能化工作，1993 年入职，工龄 31 年。

问：女性从事这份工作的优势是什么，劣势又是什么？如何克服困难逐渐取得成绩？

罗：核工业不为女性设限，甚至存在一些特别优势。女性具有细心、耐心、坚忍等特点，这些特质对于具有探索性、创造性、继承性和连续性特点的科研工作是极为重要的，尤其在核安全问题上，女性能够表现出更为严谨认真的优势。劣势的话可能是对体能的消耗和要求较高，如我们去驻守工程现场，为了实验经常日夜颠倒。对于我而言，克服困难的关键就在于热爱和坚持，这是我立志要投身的事业，我就会为了它而终生奋斗。

越是困难的时候，越是要沉住气，成绩是靠脚踏实地持续不断地努力获得的。

问： 工作中印象最深刻的、感觉难度挑战最大的是什么？

罗： 2015 年，出于对反应堆结构与安全功能的考虑，华龙一号对“龙甲”——反应堆压力容器保温层提出了全新的设计要求。彼时国内在役的二代核电反应堆压力容器保温层几乎全部依赖国外进口，且在三代核电反应堆压力容器保温层设计技术方面也可以说毫无经验可循，需提出全新的设计方案。时间之紧，使命之大，如何在没有任何参考的情况下，啃下这块“硬骨头”，我觉得是难度最大的挑战，所以我和团队挺身而出，接下这一军令状，带领团队开始了不舍昼夜的技术攻坚。

在大量的前期调研、规划设计以及方案论证的基础上，我与团队成员们提出了华龙一号反应堆压力容器保温层的初步设计方案。凡事没有一帆风顺，全新的设计也给我们带来了更多的挑战。一项操作平台辐射剂量超标的问题成了华龙一号工程的十大难题之一，而这一问题的解决方案，最终落在了我们的保温层上——保温层需要在原有功能的基础上，增添中子辐射屏蔽功能。这意味着我们前期的设计方案又全部被推翻了。

在方案实施细节上，保温层的绝热保温性能是它的重要性能指标。如何在不影响保温性能的基础上，实现屏蔽安全功能是我们需要解决的主要问题。在没有实物之前，我们只能通过计算模拟仿真的手段来考察保温层各部位的绝热性能，同时还需要从系统设计的角度出发，从屏蔽材料的选材、保温块的结构设计再到各项性能指标的合理分配，都是精细活儿。我们彻底厘清了屏蔽保温层结构设计所面临的技术问题，并形成了详细的研究材料，得到了各方均认可的初步解决方案，推动了反应堆压力容器屏蔽保温结构设计的最终定型。在大家的努力下，华龙一号反应堆压力容器金属保温层在 2016 年底制造完成并顺利通过了验收。

问：最难忘的工作细节是什么？内心最自豪的工作成就是什么？

罗：最难忘的工作细节是刚入职的时候，看到前辈们手工画图时的忘我状态，那个画面一直刻在我的脑海里，我被他们的严谨认真打动。我们团队研发出龙系列反应堆设备，这是咱们国家国产化第三代反应堆设备，具有完全自主知识产权。其中 ML-B 型控制棒驱动机构的运行寿命创世界纪录，如今我们又研发应用了 ML-C 型驱动机构，打破了自己保持的世界纪录。在充分总结和凝练我国自主三代核电华龙一号技术和工程经验的基础上，我们成功发布保温层 ISO 标准，该标准是我国首项核电国际标准，也展示了我们的大国底气。

问：工作中的创新思路是从哪儿来的？

罗：从持续不断的学习中来。向内求，向外看。一方面是“复盘”思维，自省找差距。在科研日常中，我会不断琢磨更优化的解决方案，重视每一条经验反馈，鞭策自己往更好的目标去努力。另一方面是不断探索的渴望。因为有一个开放的心态，我很喜欢去学习了解不同领域的知识，在这个过程中会迸发出一些灵感和想法。

问：攻坚克难的动力在哪里？

罗：

源自一种自驱力，这种自驱力其实就是不忘来处，不负所托。

从小就习惯了父母长辈的忙碌，“只要祖国需要，我们就愿意奉献”，这句话也是我的初心。毕业后我选择从事和父辈一样的事业，“强核强军强国”成了我的使命任务，围绕着国家的“四个面向”，要走出我们完全自主的核能道路，我深知自己肩上的重任。在这种自驱力的推动下，我有足够的勇气和信心去迎接挑战克服困难。

问：您所在的行业，这些年发生的最大变化有哪些？您的感受是什么？

罗：最大的变化就是我们有了完全自主的国产第三代核电品牌华龙一号、全球首个陆上商用模块化小型压水堆玲龙一号，核电建设如火如荼甚至走出国门。核能是我国优化能源结构、保障能源安全的重要力量，党的二十大报告中也提到要积极安全有序发展核电，我们国家的核电发展实现了从跟跑到并跑甚至是领跑的跨越。我们越来越有底气了，我也特别荣幸能够成为这份事业的建设者之一。

问：您是怎么理解工匠精神，工匠精神又是如何在您的工作中体现的？

罗：我理解的工匠精神就是以身作则，接力传承。一项伟大的事业需要千千万万劳动者前赴后继，我从前辈手中接过了强核报国的“火炬”，也希望通过自己的言传身教将这把“火炬”传递给更多的青年人才。所以在我的工作中，不管是作为团队的一分子，还是作为一名导师，我都会严格要求自己，注重培养学生，希望他们都能成长为核工业的栋梁之材。

问：您对未来有哪些期待，有哪些想做的事情？

罗：“加快实现高水平科技自立自强”是习近平总书记对我们的殷殷嘱托，对于我们科技工作者而言，期待随着核能“三步走”国家战略的顺利实施，我国核能实现可持续发展，由核能引领的低碳能源能够点亮万家灯火，守护好祖国的碧海蓝天。

我想要继续深耕基础科研，只有所有的东西都掌握在自己手里，知其然又知其所以然，才有不断创新的前提。基础研究创新持续带动前端设计，又继续带动后端制造，整个产业链就都被激活了，而这条产业链上有无数的科技成果转化和应用的供需关系，这就是一种良性循环，一种可持续的科技创新生态。

问： 对于各行各业的女同胞们和年轻人，您最想对她们说什么？

罗： “以国家需求为己任，锚定方向持之以恒。”只要认准了，就加油干、坚持干。把一切平凡的工作做好就是不平凡的成就。希望大家在追求梦想的道路上，保持坚定的信念和无畏的勇气，为国家、为人类的进步和发展贡献更多美丽的女性力量和磅礴的青春力量。

汪艳侠

择一事终一生

汪艳侠，1972 年生

参与国家首个丁腈软胶装置建设

2013 年获评全国五一劳动奖章；2015 年全国劳动模范

“我要做的就是把我的经验和技术传下去，把公司高严细实的作风传下去！”

18 岁那年，从技校毕业的汪艳侠来到兰化合成橡胶厂，成为一名操作工。从一个懵懂的技校女学生到如今的全国劳动模范，汪艳侠用 30 余年的时间践行了“做最好的工人”的誓言。

1991 年 7 月，汪艳侠以全专业第一名的成绩从技校毕业，被分配到兰化合成橡胶厂聚苯乙烯车间。那时，她给自己立下一条誓言：“做最好的工人！”但刚进厂的那一刻，她就傻眼了：密密麻麻的管线、数不清的阀门和仪表……书本上的那点知识完全用不上。

在生产中，汪艳侠对自己的要求总是比别人高。聚苯乙烯投产比较早，装置自动化程度低，当时的操作数据记录在纸上，类似于心电图的曲线。记录纸上波动大时，表明生产不平稳，需要人工不断跑到现场调试，否则会浪费原材料。汪艳侠每天要比别人多跑很多趟，不断调试数据。“波动都在安全范围之内，你老这么跑，不累吗？”师傅说。汪艳侠却笑道：“我多跑几趟生产就更平稳了，就当是锻炼身体了！”

“汪艳侠的仪表记录纸画出直线了！”这一消息在厂里炸开了锅，大家都惊呆了，“这怎么可能，自投产以来，第一次听说有人能把仪表记录曲线调整成直线。”大家直到亲眼看到汪艳侠记录纸上的直线时，才相信这个小姑娘真的不简单。

2000 年 11 月，正在家中休产假的汪艳侠听说厂里要试产丁苯橡胶，作为装置骨干，她二话没说，将襁褓中的孩子交给了婆婆，重新踏上工作岗位。在丁苯橡胶试生产过程中，她发现物料填充管存在设计缺陷，极易造成停车。在她的带领下，全班组一起攻关，反复进行技术论证，最终，他们成功改进了生产工艺，为公司每月增效 140 万元。

从 2005 年到 2012 年，在兰州石化公司两次技术大比武中，汪艳侠两次获得冠军，为此厂里成立了“汪艳侠学习小组”，从车间组织一批年轻技术人员跟着汪艳侠学习，先后有 20 多名年轻员工通过“深造”走上了班长或者车间技术管理岗位。

2015 年，汪艳侠被评为全国劳动模范。厂里成立了“汪艳侠劳模创新工作室”，大家在她的带领下一起钻研生产技术。年产 5 万吨丁腈橡胶腈水提浓装置无法稳定运行，汪艳侠带领团队展开难题攻关，最终制定出 4 项改进措施，不但使装置稳定运行，同时提高了丙烯腈的回收率和回收质量，每年增加经济效益 300 多万元。

2022 年 4 月，兰化合成橡胶厂年产 3.5 万吨丁腈橡胶装置正在如火如荼安装调试中，汪艳侠又是装置建设的中坚力量，此时离她退休还有不到 5 个月。汪艳侠用 31 年践行了“做最好的工人”的誓言。

薛　莹

用铆钉『编织』航空报国梦

薛莹，1973 年生

装配近万架波音 737 系列飞机垂直尾翼

2008 年获评全国五一劳动奖章；2010 年全国劳动模范

> 面对困难，要么仰视它，一辈子屈服；要么俯视它，大家勇敢面对，用团队的智慧去解决。

1992年，年仅19岁的薛莹走上工作岗位。她勤奋好学，制造的产品质量优异。2000年，薛莹挑起了“前缘班”班长的重担，和工友们曾创造月产36架波音垂直尾翼的纪录。如今，在全球飞行的近万架波音737系列飞机上，都装有西飞人制造的垂直尾翼，每一架垂直尾翼上，都有着“薛莹班”辛勤的汗水和付出。

2007年12月30日，时任国务院总理温家宝视察西飞。在国际航空转包现场，听了“薛莹班”的事迹后，温总理亲切地与薛莹握手，幽默地说：“那你是‘世界劳模’嘛！”

30多年来，“薛莹班”通过在生产现场持续进行流程优化、消除浪费等管理改进，高效、快速、准时响应及满足客户需求，实现产品高质量、高效率、低成本生产，准时化交付。在她的引领下，西飞连续5年获得波音“银牌供应商奖”。

薛莹在技术工作上勤于动脑，善于思考，经常提出合理化意见，完善工艺流程。波音737垂直尾翼前缘装配质量攻关被列为重点项目，薛莹对工具进行了3个多月的改进，对工件采取保护措施，经过无数次试验，最终达到了要求，使产品质量与进度有了保证，同时生产效率提高25%。

薛莹积极开展技术攻关和技能传承活动，解决现场瓶颈问题。2019年薛莹牵头成立“737垂尾后部肋组件装配效率提升”攻关团队，带领团队成员对产品装配流程进行价值流分析，自行设计并制作铆接托架及配套的运输车，方案实施后可使单机6个肋的铆接时间由目前的2人共同操作3至4小时完成，提升至1人1小时完成，在提升产品铆接质量的同时节省人工成本，降低劳动强度。

2020年至2022年，薛莹牵头完成了《737-MAX垂尾后部肋组件手提式压铆机工作方法改进及铆接方法优化》《基于外协产品传统工装的自动制孔工艺技术研究》《737-MAX垂尾后部肋自动制孔技术研究》等技能创新课题。在生产现场做创新项目时，更加注重有女性参与的项目，发挥女性的智慧，协作完成了自动化加料机、自动化对刀装置等项目，在创新创效中彰显巾帼之美，做新时代新女性，为制造强国贡献巾帼力量。

“对话”

问： 您目前主要负责的工作内容是什么？您的工龄有多少年？

薛： 我是 1992 年进入西飞工作的。主要负责波音 737-700 型垂直尾翼可卸前缘的装配工作。目前是西飞巾帼班组“薛莹班”荣誉班长，西飞工会兼职副主席。到 2024 年为止，我的工龄是 32 年。

问： 女性从事这份工作的优势是什么，劣势又是什么？如何克服困难逐渐取得成绩？

薛： 女性的细腻、坚忍使她能够更好地承担这份工作，随着产品上产量后，女性的体力劣势会凸显出来。我们将工艺顺序优化，减少不产生价值的工作动作，同时在生产现场实行精益管理，将更多的时间用于生产，保证产品质量。

问： 工作中印象最深刻的、感觉难度挑战最大的是什么？

薛： 当时的前缘镜面蒙皮铆接出来的外表不是很美观，波音公司代表非常不满意，我们的产品交付起来非常困难。我们拿着波音公司生产的产品图片和我们的产品多方位地进行比对后发现，我们的产品铆接完的铆钉无一例外地露圈，看起来就像铆钉长了个“双眼皮”，而外方的产品铆接完的铆钉是不露圈的，铆钉铆接完和蒙皮是混为一体的，外观非常漂亮。

面对波音公司代表提出的各项苛刻的高标准严要求，面对几项急需解决的问题，总厂领导派我去兄弟单位——上海飞机制造公司学习。在短暂的学习期间，我通过和上飞工人师傅的现场学习交流获取了一些宝贵经验。回厂后，经和技术人员讨论研究后改进装配工具，试制成功后实施在产品上，使我们的产品在工作效率和外观质量上有了很大的提高，得到波音公司代表的高度赞扬。我们硬是用实际行动告诉美国人“中国工人能做到”！

问： 最难忘的工作细节是什么？内心最自豪的工作成就是什么？

薛： 2002 年，也正是波音 737-700 飞机垂尾试制的关键时刻。这一项目成功与否，既关系到中国参与国际航空转包的进一步拓展，更关系到中国航空人的尊严。我和同事深感压力的沉重和责任的重大。我们所使用的工具、工装与国外有差距，许多工作需要我们用手工操作来完成，所以对工人的技术水平要求就更高。外方代表对我们产品质量的要求算得上是苛刻的。在研制前期，困难特别大。

当时，我对班组姐妹们说，面对困难，要么仰视它，一辈子屈服；要么俯视它，大家勇敢面对，用团队的智慧去解决。

没有不可能，只有做不到。把 1% 的希望变成 100% 的现实。产品的质量对我们来说没有尽力而为，只有全力以赴。

达不到质量要求的产品，全部拆了，重来！重达 70 多公斤的部件，一天之内在 5 台工装间要抬上抬下 10 余次。班里几乎都是年轻的女性，大家咬牙挺着，每个人腿上、胳膊上都被碰出一块块瘀青。

随着产品批量生产的持续扩大和铆接技术的日益成熟，我们用智慧和双手拿到了波音公司发给全班的“用户满意员工”证书。我们在美国人的诧异目光中感受到“让世界享受中国制造”的骄傲。每每看到我们生产的产品被安装在波音飞机上翱翔世界各地时，我和我的同事们由衷感到无比的自豪，同时也深切地感受到一个普通职工的人生价值和职业追求之所在。

问： 工作中的创新思路是从哪儿来的？

薛： 航空产业是高科技产业，创新是其不断取得新成就的保证。中国航空工业集团历来极其重视创新环境的培育、创新能力的提升，以《创新决定三十条》为引领，承接航空科技创新的“第一棒”。在这种氛围中，我们在工作中都会积极发现创新点，想方设法突破固有思维和方法，从管理创新、技术创新、理念创新等各个方面都取得很多成效。

我个人的感受是，要关注行业动态、前沿科技等，用开阔的视野为创新提供源源不断的灵感；同时，还要注重相关领域的学习、交流，比如，新材料、新工艺、新管理等，这些都与航空制造密切相关。通过对更多领域的关注，就会发现自己的工作中有很多能改进、需要改进的地方。此外，还要重视实践，要勇于尝试不怕失败。用新方法和新思路，不断迭代和优化，推动创新的落地和应用。

问： 攻坚克难的动力在哪里？

薛： 是热爱和责任心。

手中的产品就像自己的孩子，总想给它最好的，希望它是最棒的。

看到别家同类产品更好或者成本更低的时候，就自然会想，如何让自己家的产品赶超。产品降低成本、提高质量、改善工艺，都不是容易的事，需要大量的、长期的攻关。热爱让人身心沉浸其中，责任让人不达目的不罢休。

我们企业的职工都有很强烈的职业自豪感，这也是推动产业进步、攻坚克难的重要动力。这种自豪感源自企业文化，也成为职工的精神内核，我们把对国家的热爱、对企业的热爱更加具象化，凝结成为赶超世界先进科技水平、专注产品性能提升等行动。

问：您所在的行业，这些年发生的最大变化有哪些？您的感受是什么？

薛：中国梦是强国梦，强国防才能实现强军梦。从歼-15 在辽宁舰上的成功起降，到运-20 的成功首飞，都让我们备受鼓舞。我更相信，年轻的这一代人一定会为实现中国梦创造辉煌。近年来，随着越来越多的型号飞上蓝天，也见证了航空事业正在缩小与世界航空强国之间的距离。“强航空”不再是梦想。现在，世界上大多数先进飞机都有我们生产的部件和组件，我们也能制造出在世界上排名前十的先进机型，并逐渐地从中国制造走向中国创造。

问：您是怎么理解工匠精神，工匠精神又是如何在您的工作中体现的？

薛：从微观层面看，工匠精神的核心就是，当你做某件事的时候，你要跟它建立起一种难割难舍的情结，不要拒绝它，把它看成一个有生命、有灵气的生命体，用心与它交流，精益求精地追求品质上的完美。工匠，心里装的是责任，也是对工作对事业的爱，为了这份爱，会打磨自己的技艺。

在自己的专业领域，有一套自己的方法论，也有一套自己的世界观。对自己专业领域的每个细节和流程都熟练掌握。工匠精神在外人看来可能会有点儿传统守旧。有时工匠会抓住一个技术细节不放，外人看来没必要的事，在他们眼里却是不解决就吃不好、睡不着的天大的事。

工匠精神落在个人层面，就是要树立起对职业敬畏、对工作执着、对产品负责的态度，极度注重细节，不断追求完美和极致，将一丝不苟、精益求精的工匠精神融入工作的每一个环节，做出打动人心的一流产品。工作的 30 余年中，我对每一件制造的产品都浸入了情感，它们不是冷冰冰的金属，而是我思想和行动的结晶，每一件产品的完美交付体现的就是工匠精神。

问： 您对未来有哪些期待，有哪些想做的事情？

薛： 科技创新是推动社会进步的强大动力。参与科技创新活动，让我体验到知识的力量与实践的魅力。未来，我更想和团队成员一起将创新成果落地到生产一线，提高劳动质量，降低劳动强度，赋予工匠精神更多的科技含量。

问： 对于各行各业的女同胞们和年轻人，您最想对她们说什么？

薛： 女性从来都不是弱者，女性一样可以通过自己的努力、奋斗，去创造属于自己的美好未来，去拥有属于自己的一片精彩天地，做新时代的追梦人。

刘丽

最美『石油花』

刘丽，1974 年生

大庆油田第二采油厂第六作业区采油 48 队采油班长

大国工匠

2016 年获评全国五一劳动奖章；2020 年全国劳动模范

“新时代的好工人就应该端好技术这个‘金饭碗’，练就一身‘金刚钻’。”

金秋十月，在万众瞩目的中国共产党第二十次全国代表大会上，一抹绣着中国石油字样的“石油红”格外醒目。身着“石油红”的就是党的二十大代表、采油女工刘丽。

刘丽生在大庆油田、长在大庆油田，父亲是油田第一批老会战英雄，也是铁人王进喜的工友，她从小听着铁人的故事长大，大庆精神、铁人精神早已融入她的血脉。身为“油二代”，刘丽身披“石油红”，从此为油征。从刚上班起，刘丽就拿出“谁说女子不如男”的干劲儿，起早贪黑奋战在井场，练就了“一摸工具就知规格型号，一看电流就能判断井下状况，一听声音就能辨别机械故障”的绝活儿，学习笔记摞起来齐腰高，很快成为一专多能的“岗位通”。1997 年，刘丽代表大庆油田参加全国青年岗位能手技能运动会，赢得首届“中国石油天然气总公司技术能手”称号。正是凭借这股子“识字搬山”的劲头，刘丽一路从普通采油女工成长为全国三八红旗手、全国技术能手；从采油巡井路走上全国最美职工、全国五一劳动奖章、全国劳动模范的领奖台。

2001 年，刘丽负责全队 50 多口水井的洗井工作。当时洗井所需的工具又多又笨重，操作烦琐、不方便携带。为了方便工作，她反复琢磨，想出将撬杠、管钳、扳手和螺丝刀等合为一体的办法。于是，一件轻便实用的洗井专用组合工具应运而生。这一次创新之举，让她获得了同事们的认可，也让大家感受到了革新的魅力。

在油田生产中，刘丽发现聚驱抽油机井口总是“脏兮兮”的，同事们一听说要换密封圈，个个都头疼。刘丽看在眼里，急在心上，每天都在思考如何解决这个难题。一天，刘丽看到徒弟使用口红时转动口红底部，口红慢慢地露了出来。得到启示的她根据口红的内部结构，开始设计图纸、加工。不久后，一个新型“上下可调式盘根盒”便制作完成，并安装到井上。十几年间，刘丽先后对“上下可调式盘根盒”进行了 5 次改进，不仅让密封圈更换时间从过去的 40 多分钟缩短为 10 分钟，密封圈使用寿命从 1 个月延长到 6 个月，还使每口井日节电 11 千瓦时。这项成果先后荣获大庆油田技术革新成果特等奖、中国石油一线创新成果一等奖。

作为新时期的石油人，刘丽接过石油先辈的“接力棒”，从解决生产难题出发，向创新创效进发。为油拼搏三十载，刘丽研发各类成果 200 余项，填补了多项国内技术空白。2021 年，荣获中华技能大奖，成为此项荣誉首位获得排名第一的女性产业工人；2022 年，登上了“大国工匠”领奖台，成为 10 名获奖者中唯一的女性。

“当好标杆旗帜，建设百年油田”的重大责任，需要更多的石油人接力奋斗。2011 年，刘丽工作室正式成立，刘丽踏上了打造工匠团队的新征程。12 年里，她带领工作室从两名采油工起家，逐渐扩大到涵盖 35 个工种、12 个分会、531 名成员的创效军，获得 200 多项专利、1000 多件革新成果、5000 多件推广产品，引领油田“研产用”一体化创新模式深入推进。刘丽工作室被评为全国示范性劳模和工匠人才创新工作室，入选“新中国 70 年最具影响力班组”。刘丽正领跑带动更多的产业工人端牢能源饭碗，写好油田高质量发展的“新答卷”。

“对话”

问：您目前主要负责的工作内容是什么？您的工龄有多少年？

刘：我在油田油气生产一线工作，带领创新工作室（刘丽工作室）团队开展生产难题攻关、创新成果研发及指导员工技能提升。工龄 30 年。

问：女性从事这份工作的优势是什么，劣势又是什么？如何克服困难逐渐取得成绩？

刘：优势是，女性比较细致，在工作中耐力会强一些，遇到问题善于思考，文字表达能力较强，这些方面都有助于开展创新研发及技艺传承。

劣势是，油气生产是野外工作，且经常会操作沉重的大设备，女性的体力会经受考验。同时，女同志难免会肩负岗位工作和照顾家庭的双重重担。

想要克服困难，那就要从锻炼强健的体魄以及培养坚强的心智做起，要在心理上不惧怕困难，能经受住野外工作的艰苦，也要努力克服女性身体上的劣势，通过提升优势弥补短板，平衡岗位建功立业和兼顾家庭的天平，并发挥女性特有思维的优势，激发更大的工作能动性和创新创效热情。

问：工作中印象最深刻的、感觉难度挑战最大的是什么？

刘：难度挑战最大的是能力提升与生产形势发展之间的差距。

新工艺新设备要求操作者必须要具备新技能，新问题新现象也需要更强的攻关能力，有时还需要跨专业、跨领域的能力，需要有不断提升的机会和平台，需要始终保持学习状态，需要努力使自己保持最佳的工作状态。

有一年我接受了一个任务，要在我们油田技术发展部的指导下，审核很多专业性的成果，而我们油田很多专业的工作，我甚至都没有听过。领导把这个任务交给我的时候，我就想一定要干好，决不能辜负领导的信任与期望，于是硬着头皮把这活儿接了下来。

这项工作当时只给我一周的时间，我为自己制订了工作计划，前三天快速把所有项目都看了一遍，梳理出了近 400 项有疑问的项目，还有 100 多项我压根儿都不懂的项目。后几天的时间里，我打电话咨询专家，上网、翻阅图书查找资料。几天的时间里，我几乎没怎么合眼，直到交稿那天的凌晨5点，我才把所有资料整理编辑完。一周的工作特别累，但因为有了这次机会，我被动地学习了很多以往接触不到的专业知识，感觉收获特别大。

还有一次我参与“油管杆修复工”的编写，这个工种太特殊，能学习借鉴的书很少，而且专业性特别强。为了搞清楚材料特性，我连航空金属材料的图书都看了，感觉自己都学杂了，但也真学了很多东西。

问： 最难忘的工作细节是什么？内心最自豪的工作成就是什么？

刘： 最难忘的工作细节比较多，例如与工作室成员遇到问题时的激烈讨论、成果完成时的欣慰、领导慰问时的感动、成员联谊时的欢乐、学员拿起奖杯时看过来的目光……要记住的时刻和感受有很多。

多年的工作经历让我深深体会到，一个人能作的贡献是微小的，只有将自己的专业知识与技能播撒出去，辐射带动更多的石油人共同提高、全员创效，才能真正凝聚出一往无前的巨大合力，汇聚成振兴发展的强劲动能。

这些年最大的收获，是我成为团队的核心。领导们信任我，把革新工作交给我；成员们有难题找我指导，有欢喜忧愁都会和我分享，有需要时都会想到我。虽然工作辛苦忙碌，但工作对我的需要、成员们对我的需要，这些需要激励我不断努力。回头来看，这份被需要就是我的工作成就。

我积极参与黑龙江省女职工创新工作室建设、女职工创新成果展示交流和应用转化工作，领衔成立刘丽工作室，形成专业内集中优势、跨系统强强联合、多工种联合作战的研发模式，还深入推进了“红工衣”“白大褂”合作技术技能的深度融合，从只能完成简单的小改小革，到形成专家技师联合研发、革新工厂自主生产、示范区试用推广的“研产用”一体化创新模式。

作为全国首批石油石化女职工创新工作室联盟成员，我带领成员们合力攻关，助推行业创新。在工作室，我们建立了 1 个创新创效基地、2 个成果示范区，设立 3D 打印实验室，划分 4 个专业化工作区域，打造了一个集研发、生产、应用于一体的“革新梦工厂”。我们率先推行“研产用”一体化创新模式，组建攻关团队，到生产现场开展“一线巡诊、专家问诊、难题会诊”服务。

200 多个专利证书、1000 多件革新成果、5000 多件推广产品、1.2 亿元经济效益，是我们用智慧和汗水交上的创新答卷。工作室先后被评为全国示范性劳模和工匠人才创新工作室、国家级技能大师工作室、全国职工教育培训示范点、全国三八红旗集体，并光荣入选“新中国 70 年最具影响力班组”。

问：工作中的创新思路是从哪儿来的？

刘：“科技是第一生产力、人才是第一资源、创新是第一动力”，党的二十大报告里，提到了 20 多次“创新”，创新是我国 10 年来取得突出成就的关键所在，也是未来发展的必由之路。对于生产一线来说，有技术、能创新、会发明的工人才更有力量。60 多年前，光是靠地层压力，大庆的石油就很容易喷涌而出。如今，油田开发难度越来越大，必须通过科技创新才能实现突破。因此，新时代的石油工人，要不断创新。油气生产是动态生产工作，生产中经常会出现问题，同时问题也会随着生产时间延长、生产设备老化、生产工艺更新而不断呈现新的更复杂的变化，我们的创新思路就来源于生产中的各种问题。

问：攻坚克难的动力在哪里？

刘：动力一方面来源于对工作的责任感，工作中油气生产的产量任务、工作中高水平高标准高效率的目标，都是我们的工作责任，为了完成这些必须攻坚克难，不断创新，解决问题。另一方面也来源于对岗位的热爱，工作几十年，对岗位、对设备、对工作团队都很有感情，我会珍惜这份工作，心甘情愿为工作倾注心血，和更多的石油人一起努力干出精气神、干出高质量，写好端牢能源饭碗的“新答卷”。

问： 您所在的行业，这些年发生的最大变化有哪些？您的感受是什么？

刘： 当前，建设数字中国、加速能源革命、设备更新换代、新产业新业态发展，都对产业工人提出了更高的要求。大庆油田在加快“科技油田”“绿色油田”“数字油田”转型建设中不断实现高质量发展，从过去的“一油独大”变为“油气并举”，同时从传统能源向新能源迈进，从国内走向国外，保持着旺盛的生机和活力，朝着建设百年油田的目标前进。

油田的发展，需要石油人的接力奋斗，作为“油二代”，我的父亲教我要踏踏实实当个好工人，而现在好工人的标准已不仅仅是能吃大苦、耐大劳。新时期油田生产工艺更加复杂，设备不断更新，对员工的技能水平要求更高。

新时代的好工人应该端好技术这个“金饭碗”，练就一身“金刚钻”。

我深刻地感受到责任和压力更大，工作对员工的能力要求也越来越高，需要我们与时俱进，不断更新知识结构，不断接受新思想新理念，自我督促也更积极。

问： 您是怎么理解工匠精神，工匠精神又是如何在您的工作中体现的？

刘： 弘扬工匠精神，一定要“干”字当头。首先是实干，几十年如一日把工作做到极致，就一定会有所作为。与我的工作结合就是在看似简单的工作内容中认认真真完成每一件事。每一个难题出现时都不退却、不轻视；每一次研发都确保数据、技术精确无误。

干了 20 多年采油工，我练就了一个小绝活儿：一看电流就能判断井下状况，一听声音就能判断机械故障，一摸工具就能知道规格型号。除了实干，还得巧干，干工作多动脑筋、多想办法，我们革新的小零件，也能解决大问题。

劳模不能光自己干，还得带领大家一起干。单位专门为我成立了劳模创新工作室，让我带着大家一起搞革新，工作室从最初的两人发展到现在的 500 多人。我们越干越会干，越干越爱干，工作室成了人才培养、难题攻关、技术革新、成果转化的基地。我想用我的经历告诉工友们，只要把岗位当成舞台，就能成就精彩，实现人生价值。

问： 您对未来有哪些期待，有哪些想做的事情？

刘： 截至 2023 年，大庆油田已经产油 25 亿吨，油田发展进入新阶段，上扬发展第二曲线是新目标新愿景。我期待，油田不断展现新的成绩，期待人民生活更幸福、国家更强大。

最想做的是，在新征程中，自己能参与得更多，做得更多，努力做好我该做的事，珍惜每一天，刻苦学习，高标准完成手里的每一项工作，积极用智慧和汗水为企业发展助力。

我将努力把油田的资源优势转化为革新创效的产业优势，立足油田资源深挖潜力，发挥中国石油集团公司技能大师的引领示范作用，以刘丽工作室为平台，进一步发挥团队创新的良好优势，以问题为导向，组织成员进行联合攻关，致力于解决生产中遇到的问题；更多举办“革新成果交流会”“技师讲堂”“创客讲堂”等各类培训交流活动，组织优秀的技能专家、技术骨干与岗位职工结成师徒帮教对子，在岗位历练中磨砺本领，不断提升凝聚力、执行力、战斗力；与专业技术人员深入合作，形成技术联盟，在“红工衣”和“白大褂”的联合攻关中进行积极探索和尝试，促进科研人员与技能专家的深度融合，攻克技术瓶颈壁垒，努力为一线工作提供更多支持，为保障国家能源安全作出更大贡献。

问： 对于各行各业的女同胞们和年轻人，您最想对她们说什么？

刘： 新征程上，每一位妇女都是时代的书写者、追梦的奋斗者。女劳模工匠示范引领、女技师专家尽展其才、女先进典型奋发争先、女职工立足岗位笃行实干，“巾帼不让须眉”的身影遍布各行各业。

女同胞们要互相激励共勉前行，社会对女性从没有忽视轻视，反而为女性提供更多关爱和机会。我们要始终牢记，感恩党、国家给予我们的深切关怀，自觉践行新发展理念，平衡家庭和事业的天平，汇巾帼之智、聚巾帼之力，不断发挥巾帼优势，展现新时代女性崭新的“她力量”，以最美奋斗者的姿态诠释自强不息、坚忍刚毅、智慧果敢的巾帼风采，以柔肩勇担重任，撑起高质量发展的“半边天”。

一代人有一代人的使命，一代人有一代人的担当。青年人更富有朝气、充满活力、有创造力、思想活跃、反应敏捷、知识结构新，这是青年人雄厚的资本和优势。希望各行各业的广大青年在各自岗位中立足于本职，踏实工作，拼搏努力，始终保持对获取新知识的渴望，丰富头脑，完善技能，提升自己专业领域的核心本领。

学艺要精，贵在专注。唯有全神贯注、全力以赴，才能耐住寂寞、守住心智、把握好方向。唯有日复一日地锻打、持续不断地钻研，才能成就绝活儿。用实际行动来诠释工匠的极致精神，这不是一件产品的存废，而是无数精品的绽放；这不是一个人的事业，而需要一群人来赓续，凝神深耕、沉潜用心，方能成就璀璨人生。

接下来的日子里，要认真学习习近平总书记系列重要讲话精神，深刻理解其本质和内涵，用科学的理论指导自己的行动，将个人的事业和国家的发展紧密结合，面向未来，不断树立理想、勤于学习、加强修养，积极争做爱国奉献的奋进者、堪当大任的实干者、创新创造的开拓者，坚持干字当头、实字托底，在肩负时代重任时行胜于言，努力练就一副“铁肩膀”，肩负时代重任，成为弘扬新时代劳模精神、劳动精神、工匠精神的中坚力量。

孙红梅

扎根鄂西北的『科技匠人』

孙红梅，1975 年生

空军航空修理系统焊接专业首席技术专家

大国工匠

2020 年全国劳动模范

“搞技术就是要沉下心来，钻研进去，才能找到乐趣。”

从沂蒙山区的农家少女到大国工匠，孙红梅与航空发动机维修行业的结缘，源自她血脉中根植的“报国梦”。

1999年，孙红梅从西安理工大学焊接专业本科毕业后，义无反顾地选择了位于深山中的军工厂。这里比孙红梅的老家还要闭塞，作为焊接专业的高才生，每天的工作却是修补发动机上拆下来的黑乎乎、油腻的零件，孙红梅有些失落迷惘。

正在她进退两难时，一件事改变了她的人生道路。厂里新引进了美国焊机，上面全是英文，大家都看不懂。孙红梅的焊工师父姜巍，一个普通的技校生，带着大家迎难而上，试验出脉冲氩弧焊工艺，挽救了大批停修的火焰筒，仅此一项就为工厂节约资金近百万元。

这件事让孙红梅看到了技术创新的力量，于是她迅速调整状态。白天，熟悉各种型号产品的性能，潜心钻研相关原理；晚上，捧着专业图书学习新技术……凭着这股钻劲儿，孙红梅在两年时间里从学徒成长为技术骨干。

2002年，襄樊航空发动机修理公司成立，孙红梅被抽调过去承担全部焊接维修工作。

孙红梅面对的第一个高难度任务，就是修理某型发动机涡轮叶片叶冠出现的大量磨损故障。由于焊接部位太薄，极易出现塌陷，为了啃下这块“硬骨头”，孙红梅利用一切可利用的时间不停地试焊。握焊枪的手臂酸痛无比，吃饭时连筷子都拿不稳；眼睛经常被电弧光刺伤，一闭眼就刺痛难忍……经过数百次的查资料、分析和试验，孙红梅终于攻克了氩弧焊堆焊修理的新难题。这次的成功让孙红梅品尝到攀登技术高峰的幸福和快乐，在此后的岁月里，她就像一个不肯服输的登山者，不断攀向焊接技术的高峰。

2007 年 5 月，某新型教练机上一个复杂薄壁零件损坏，在这样的薄壁零件上焊接，特别容易发生变形。孙红梅仔细研判焊接零件的结构、性能，果断决定引进激光焊接术。当时，该技术在国内刚起步，如操作稍有偏差，可能导致零件报废。于是，孙红梅便将“家”搬进了工作室，对几十个方案逐一验证，凭着一股韧劲儿，孙红梅团队奋战 20 多天，成功完成了焊接任务。

2013 年，孙红梅组建了红梅工作室，吸纳了一批创新能力强、具有培养潜质的年轻技术骨干。在她的带领下，工作室如今已培养出厂级技术专家 4 名、高级技师 3 名，完成各类科研项目 60 余项，每年为国家节省维修成本上千万元。

潘玉华

军工『绣娘』

潘玉华，1975 年生

专注于微系统高集成制造的无线电装接手工焊接

大国工匠

2021 年获评全国五一劳动奖章

> “不试，成功机会为 0；敢试，就成功了一半。”

潘玉华于 1995 年职高毕业进入中国电科 29 所成为一名军工装备生产一线的技能工人。军工产品生产制造有着极为严苛的标准，为了尽快上手，白天她跟着师父边干边学，晚上就一个人在工位上继续练。周末她经常跑到电子电器市场，淘各种电子元器件，自己组装小电器，装了拆，拆了装，反复练习，在实践中积累经验，在急难险重任务中提升能力。

入职 3 年后，潘玉华成为单位首批航天定岗人员，她严格对照工艺规范、标准化要求操作，确保不出任何疏漏。一次，某项目需要在手表大小的器件表面手工植入 1000 多根细小铅柱，垂直精度须小于头发丝直径的 1/2。之前她最多只做过几百根铅柱植入。她想：“不试，成功机会为 0；敢试，就成功了一半。”

这是超出她经验的巨大挑战。1000 多根，差一点点就会失败，她深知责任重大。她开始动手了，一根、两根……她振作精神，仔细检查每道工序，逐一优化。她把 1000 多根铅柱一根一根完成，一个一个圆满解决，每成功一根，信心就增一分。最后，成功实现每根铅柱垂直精度与焊接平面度达到 50 微米以内，缩短了研发周期近半年。

潘玉华在如此大的难题面前，没有退缩，凭借专注和毅力，一一攻克难关，最终获得成功。这样的工匠精神和气概，将伴她一生。

近30年来，潘玉华始终秉持技能报国的坚定信念，先后参与了多项国家重大工程研制生产任务，在国内攻克了各种技术难题，推动了重点装备核心部组件的国产化进程，为国防装备效能发挥和跨代发展奠定了坚实基础。

一次，潘玉华所在项目关键时期竞标突发异常。她连夜调查，发现某器材性能达极限，必须进行飞线——将器件信号引脚与其中一个0.2毫米过孔中间层进行互连，才能解决。这是个极大的技术难题，稍有不慎就会失败。时间迫在眉睫，但潘玉华毫不畏惧，她亲自上阵，做好准备，端详过孔，深吸一口气开始操作。她全神贯注，手极为稳定，用比头发丝还细一半的绝缘铜丝伸进过孔，一点一点推进。过孔太小，无法直接看见里面，她只能通过轻微触感来判断位置，一点错误，铜丝就会脱落或断裂。她不敢有半点懈怠，如履薄冰，一丝不苟，终于将铜丝穿过，两端露出过孔，准确相连了！后来大家形容说，这是在“针尖上跳舞”。

一个人的力量是有限的，在迈向“制造强国”的大道上，潘玉华希望自己能够成为一盏灯、一束光，带动更多技能人才成长。为更好地传承技艺和培养更多高技能人才，2014年，潘玉华在单位的支持下成立潘玉华技能大师创新工作室，培养出50余名高技能人才。为加大对行业的辐射作用，她主导建立工匠学院，牵头成立行业联盟，推动并主导各级技能大赛，对外开展培训交流活动60余场次，培训上万人。

“对话”

问：您目前主要负责的工作内容是什么？您的工龄有多少年？

潘：我主要从事无线电精密组装和工作室建设及人才培养，已工作快 30 年了。

问：女性从事这份工作的优势是什么，劣势又是什么？如何克服困难逐渐取得成绩？

潘：企业内从事无线电精密组装的女性居多，应该说女性比男性更静得下来、更有耐心、更细心，也不会太浮躁，天生具有心灵手巧的特质，所以从事精细化的手工操作要比男性有优势。劣势主要体现在女性成家后为小孩、父母和家庭的各种杂事操心，耗费了她们工作之余的精力和时间，导致有的女性就没有男性有钻劲儿或闯劲儿，相对工作表现较为平淡没有男性出彩。

如果女性想要取得成绩，要比男性付出更多，除了日常工作和照顾家庭外，还需要花费更多时间和精力去学习，提升自身能力和综合素质等，才能获得内外部的认可。

回顾自己的成长历程，我个人对家庭和孩子是有亏欠和遗憾的。为了不影响事业，我成家后主动把公公婆婆接来和我们一起居住，平时对老人好一点，给予老人更多的关心与尊敬，让家庭氛围和谐，请他们帮忙照顾孩子和做一些力所能及的家务，这样我就可以腾出更多时间和精力来学习与工作，这也是中国式家庭的一种普遍现象。

那时，我白天跟着师父学，晚上和周末就自己练，慢慢地从总被质疑到受到肯定，也有机会接触更为复杂的产品，自身技术水平得到大幅提升，也获得了荣誉和奖金，这更加激发了我努力学习和工作的激情。一个人的成功离不开自身努力和家庭的大力支撑，以及同事、朋友的帮助，我深知家和万事兴的道理，一个家庭是这样，一个国家和民族更是这样。

问： 工作中印象最深刻的、感觉难度挑战最大的是什么？

潘： 印象最深的是一次装配多个 8BG1 器件的功能组件，有数百个这样的器件，需要按照设计要求剪掉器件部分引脚后按对应关系进行装配，一不留神剪错了几个器件的引脚导致器件报废。当时特别害怕，怕自己出错会被扣工资甚至是被开除，同时也特别自责出现这样的低级错误。最后我只是被师父批评了，单位并没有开除我，但我还是低落了好久，后来师父和同事们都安慰我，我便暗自下定决心要好好工作，绝不辜负大家对我的信任，努力成为一名优秀的技能工人。

挑战最大的是，在一次紧急故障问题复现处理的过程中，要求在不解焊（柱栓阵列）器件的情况下，从器件第 3 排第 6 个引脚处连接一根头发丝粗细的导线铜丝出来，并要保证导线与其他引脚不短路且信号测试正常，这是手工焊接操作中的最高难度。

如何才能实现如此精准细致的操作，我试验了很多种方法均未成功，最后灵机一动，结合钓鱼钩的设计原理，将导线和紧密镊子整形弯曲、调整角度，适应性匹配多次，最终成功实现引脚连线引出，确保了测试功能。后来的工作中类似这样的极限挑战还有多次，虽然困难，但是只要肯动脑筋想办法，一个个难题都能被成功解决。

问： 最难忘的工作细节是什么？内心最自豪的工作成就是什么？

潘： 记得 20 多年前，我刚入职不久，在一次高密度、高集成、高精度产品装配的过程中，企业内首次使用一个价格昂贵且未成型的特殊器件，在没有任何可借鉴的工艺方法和设备辅助情况下，需要按设计要求将器件反过来成型后再进行焊接（成型器件引脚共面度小于 0.1 毫米、引脚弯曲幅度小于引线直径的 2 倍，成型精度达到国军标要求）。

生产现场没有一人自告奋勇来挑战，环顾一圈后我第一个站出来说要尝试，身边同事还劝我别去为难自己，万一焊接不好器件就要报废，有可能还会受处罚。可我想如果大家遇到问题都不敢去挑战，怎么成长和提高技能？人还是需要有挑战和担当吧。接下挑战后我研习了多份工艺文件，思考了多种操作方法，来回组合操作流程及要领，最终根据器件高度、引线宽度、成型幅度等要求，创新开发辅助夹具、优化成型模具及压片，在业余时间多次练习手的成型力道、抬起速度、剪切精度等手法，最终一气呵成完成了昂贵器件的成型方法及焊接，焊接后功能一切正常。后面该方法成功推广应用到其他类似课题中，我还去其他企业进行经验传授，获得了大家广泛认可。

问：工作中的创新思路是从哪儿来的？

潘：工作中的创新思路从生产实践、经验积累、知识沉淀和学习中来获取，另外就是做得越多经验积累得越丰富，知识也会更全面，创新方法自然也就越多。

问：攻坚克难的动力在哪里？

潘：**别人不会的我会，别人会的我速度更快、质量更好。**

每次完成难题挑战，同事会投来赞许或肯定的目光，还会发信息感谢我。能帮助别人且使自己成长是我攻坚克难的动力，也是最初立志做一名优秀技能工人的初心。

问：您所在的行业，这些年发生的最大变化有哪些？您的感受是什么？

潘：这些年最大变化就是成品集成度越来越高、制造周期不断缩短，向数字制造、智能制造方面发展，对设计、工艺、制造要求越来越高，质量把控越来越严，成本控制越来越严，要求我们不断加强数字知识、智能知识的学习与运用，还需要拓展新质生产力的创新知识与技能，才能紧跟时代发展步伐，也需要有高质量、高效能的工作思维。

问：您是怎么理解工匠精神，工匠精神又是如何在您的工作中体现的？

潘：工匠精神就是关注工作细节，要持之以恒，要精益求精，制造出更多精品。既要拓展知识的宽度，又要深耕专业的精度，才能有所成就。

我曾经有多次转行转岗的机会都没有动摇，首先是最初立志成为一名优秀技能工人的初心，再有就是认清自己能做什么，能做好什么，自己最擅长的技能技艺又是什么，对自己要有一个清楚的职业规划和人生定位。另外，要有一颗积极向上向善的心，树立学历不够时间凑、笨鸟先飞、不耻下问的工作精神和学习态度。我的人生格言是："认真做事、踏实做人，是金子总能发光。"

问：您对未来有哪些期待，有哪些想要做的事情？

潘：还是想不断提升自身的综合素质，回归技能初心，拓展技能深度与知识广度，梳理技能经验和工作室建设及人才培养方法，助力更多技能人才成长成才，为技能强国和高技能人才队伍建设贡献自身的一点力量。

问：对于各行各业的女同胞们和年轻人，您最想对她们说什么？

潘：女性想要获得成功会比男性付出更多，投入精力更大，但回首时，会有一种谁说女子不如男的自豪感。女性应发挥其独特的“三心三力”，“三心”是指细心、耐心、精心，“三力”是指亲和力、感召力、持久力。

女性只要肯付出、肯上进、肯奉献，也能获得成功。妇女能顶半边天，在新时代，女性也能有所作为，且大有作为，无论在哪个行业，都有杰出女性的身影。

符小琴

巧手匠心创名牌

符小琴，1976 年生

海南名牌茶叶“白马骏红”系列产品主要研发人

2000 年全国劳动模范

> 啥事总想着去试试，并非浅尝辄止，而是要去品味、参透。

独木不成林，百花方为春。

2015年3月，符小琴劳模工作室成立。近年来，符小琴充分发挥党员的先锋模范作用，利用劳模工作室平台，研发出“白马骏红”系列新茶，热销岛内外。使当初年产值不到300万元即将倒闭关门的岭头茶场，转变为如今年产值1500万元的盈利企业，实现了企业增效、职工增收的美好夙愿。

在符小琴的带领下，工作室始终坚持以创新研发为纽带，全力打造优秀的制茶团队。凭着执着与坚持，她们在单一产品的基础上相继开发出“白马骏红”系列茶产品，实现了茶叶产品结构从单一向多元的转变，当年就实现了扭亏增盈目标，使白马岭茶业公司2017年比2016年增收300万元。以新一轮农垦改革为契机，2018年，工作室又相继开发出尊红、金红、红珠等“白马骏红”系列中、高端产品，使公司产品再次实现了高端优质的转变。近年来，白马岭茶叶公司先后获得“绿色食品”“全球良好农业（Global GAP）规范认证”“海南名牌农产品”“海南省著名商标”等殊荣。公司茶叶基地于2016年荣获“海南省现代农业示范基地”“省级现代农业产业园”称号。符小琴带领的班组获得全国三八红旗集体、海南省三八红旗集体、全国工人先锋号和海南省工人先锋号等荣誉。公司茶工收入实现倍增，由原来每月 800 元提升到 2100 元。

2020 年春节，全国各地相继发生新冠疫情，符小琴严格按照海南省委、省政府的要求，扎实做好“一抗三保”工作，严守值班检查、登记制度。在省政府出台复工复产系列措施及公司通知复工复产后，符小琴主动向公司领导建议：“我想在做好安全复工措施的前提下，带领‘骏红高香班’的姐妹们走进茶园，开展‘我为抗疫’采春茶活动。”符小琴带头使公司生产经营活动回归正常，还主动捐赠抗疫款 2200 元。

作为一名人大代表，5 年时间里，符小琴向大会提交了关于深化改革、推进乡村产业振兴、加快推进棚户区改造等多项反映民生的议案建议，全部得到了答复。她充分发挥党员先锋模范作用，积极主动宣传党的路线方针政策，积极参加党总支部组织的各类学习活动。

金光闪闪的奖牌来自智慧和付出。符小琴本着对工作的无限热爱，本着爱厂如家的敬业精神，在平凡的岗位中做出了不平凡的业绩，塑造了一名“白马岭茶人”坚忍不拔、开拓创新、勇往直前的精神风貌。

李艳

匠心鉴初心 传承担使命

李艳，1977 年生

中国石油吉林石化公司炼油厂加氢一车间反应岗位主操作工、高级技师

2015 年获评全国五一劳动奖章；2020 年全国劳动模范

“我将珍视肩负的新担当，要在确保炼化生产装置安全提质增效、实现节能减排的攻关中实现新突破，在立德树人中展现新作为。”

留着干练的短发，穿着蓝色的工作服，值守在控制室电脑前，一边细心检查工艺运行参数，一边与装置现场的同事确认设备运行状态，这就是李艳日常的形象和工作状态。作为中国石油吉林石化公司炼油厂加氢一车间反应岗位操作工，李艳扎根炼化生产一线26载。她先后“啃”完了《加氢裂化工艺与工程》等26本专业书，并注重在实践中打磨技术。遇到需要爬高的工作时，她努力克服恐高症，一次次爬上油罐检查确认油罐液位，一直保持装置操作平稳率达99.99%。但李艳并不满足于此，她说：“每项精准操作都要依靠对每一个关键参数的精益求精。”加氢装置主要通过加氢精准控制燃油的硫含量，减少对环境的污染。

随着油品质量等级的提高，对于装置操作参数和数据把控的要求也越来越高，哪怕有极微小的参数差异，都可能影响装置的正常生产，更不用说产出高质量的产品。于是，她向操作平稳率最后的0.01%发起挑战，总结提炼了四勤、五看、三到位的“453工作法”，也被称为“李艳工作法”，即操作勤翻看、勤对照、勤比较、勤分析；监盘看温度、看压力、看液位、看流量、看曲线；巡检劳保着装到位、关键设备检查到位、重要参数确认到位。自 2019 年起，她每年 3000 多次操作，准确率均达 100%，达到了装置操作平稳率的极限，“李艳工作法”得到了广泛认可和应用。

2022 年，吉林石化公司转型升级项目开工建设，李艳被聘为加氢裂化装置集团公司技能专家。她和大家一起奋斗在抗疫生产第一线，吃住在岗位上 50 余天。其间，她带领团队全力攻关“加氢装置分馏系统优化操作条件”课题。她和同事们经过方案制定、数据采集、模拟软件数据、分析优化和生产班组应用实践，寻找出最佳切割方案对应的全部参数优化结果，最终使乙烯料的收率由 13.2% 提高到 16.2%。

李艳技能大师工作室成立于 2018 年，工作室成员有加氢技术员、设备员、工程师，还有加氢裂化主操作工、首席技师，其中吸收了不少青年骨干。这个团队在李艳的带领下，实实在在解决了一线技术难题，最大限度挖掘炼化环节的经济效益。工作室先后提出合理化建议 40 余项，参加技术攻关 10 多项，保证装置安全、平稳、长周期、满负荷、优质运行的同时，累计创效超百万元。

李艳注重传授理论知识，通过理论授课、题库编写、工艺指标考核等方式提升团队成员的理论水平。平时她还做好实操技能的传授，包括生产运行参数的精准控制、大型机组开停切换和装置开停操作、异常工况下应急处理的注意事项等。李艳说：“这些实操知识和经验，在书本上很难学到，这就需要我们这些师父把积累几十年的经验仔细梳理传授给徒弟，而且还要创新教学方法，制作实操视频、安全生产视频和仿真操作视频，更好地在实践中教学，帮助学员提升技术水平。”

何光华

在创新中追梦

何光华，1978 年生

带领团队全球首创“高落差高压电缆线路无损施工技术”，研制项目获得国家科学技术进步奖二等奖

2016 年获评全国五一劳动奖章；2020 年全国劳动模范

“因为热爱，所以不觉得苦。”

何光华从事电力电缆施工及检修工作 20 余年，始终扎根生产一线，坚持以科技提升生产力，不断钻研创新、开拓进取，逐渐成长为城市电力主动脉的女掌门。

2003 年，国网无锡供电公司成立电缆工区。何光华主动请缨，进入了自己并不熟悉的一个领域。当时，国网无锡供电公司刚引入国外先进的电缆故障探测设备，但大家却不知该如何使用。这时，何光华迎难而上，反复翻阅设备原理、配置及功能资料，多次出差学习取经，历时近 4 个月，成功完成该设备系统的移动化配置，有效提升了公司的装备实力。

2011 年，为解决现场非贯穿性缺陷的无损诊断，提升检修判别的技术水平，何光华组建攻关小组挑灯夜战，面对第二天要拿出优化方案但仍有很多数据需要演算，队员们都显得有些担心。“时间不早了，你们都回去吧，统稿和优化工作我来做。”何光华说完，收拾好材料驱车直奔儿童医院。原来 3 岁的儿子因高烧、咳嗽引发肺炎，住进了医院。料理好儿子，夜已深，何光华坐在病床边，取出笔记本电脑继续工作……一晃到天明，又马不停蹄地赶回办公室，将报告放在了讨论桌上。

2020 年 12 月 30 日，在接到一起线路故障通知后，何光华第一时间奔赴现场组织人员进行故障探查与抢修工作，经过一整晚紧张的工作，终于在次日凌晨 5 点顺利送电。这一场坚守在零下 7 摄氏度寒潮中的抢修“大战”终于告捷。“虽然深夜里有点冷，但是抬头看到周围居民区亮起的灯光，心里想着能尽快给用户送电，这时候就觉得所有付出都是值得的。”刚从泥泞的抢修现场出来的何光华，因天气寒冷眼镜已经蒙上了重重的雾气，却难掩其欣慰自豪的笑容。

何光华在调研中发现：在以往高落差电缆敷设中，电缆接头是线路最薄弱的环节，也是故障高发点。抱着从源头消除安全隐患的想法，她提出了高落差高点无接头敷设的思路，针对电缆工程的敷设、布设、固定、检验四道工序，进行体系化创新，并最终取得了一系列技术成果。该项目取得的技术突破有效应用在高铁牵引站、机场、政府、医院、经济开发区等 688 项关系国计民生的重大工程项目中，并成功进入德国、俄罗斯、瑞典、哥伦比亚等国际市场。这项体系化成果填补了世界技术的空白，在 2019 年获得产业工人的最高荣誉——国家科学技术进步奖二等奖。

千百次弯腰只为挺起行业脊梁，无数次锤炼只为护佑光明。何光华说：“因为热爱，所以不觉得苦。”

“对话”

问：您目前主要负责的工作内容是什么？您的工龄有多少年？

何：我是2000年8月进入国网无锡供电公司这个大家庭的，到现在刚好24年。目前主要负责无锡地区高压电缆施工及运维检修工作。

问：女性从事这份工作的优势是什么，劣势又是什么？如何克服困难逐渐取得成绩？

何：电力是有魔力的事业，它给予世界光明和能量。电力电缆线路构成了城市地下能源动脉。传统意义上，电力建设尤其是电缆线路施工建设的作业者，都是在野外工作，需要更多的体力，现场环境也很艰苦，夏天汗流浃背，冬天寒风瑟瑟，从事的男同胞更多。但是随着新材料、新技术、新工艺的快速发展，更多女性以特有的敏锐、细腻和坚忍的特性，在各行各业当然也包含电力电缆施工运维行业，发挥越来越大的作用。

我刚进入公司时，非常幸运，所在的班组就有一位女班长。女班长金梅的一番话让我至今记忆犹新：“作为女性，要在电力行业站稳脚跟，就要敢于吃苦、勤于学习、乐于创新、善于总结。”

我从小就非常喜欢电力专业，在学校就喜欢主动承担一些具有挑战性的课题，积累了系统的创新思维和项目推进方法。工作中又迎来了电力大发展的机遇期，常常会遇到不少新技术、新难题、新现象，需要发挥主观能动性去解决。公司创建了非常系统的创新体系，包含班组 QC、工区群创、创新工作室、公司各级科技项目等，让更多员工可以根据问题的特性、难度来找到平台进行创新突破，改进完善。

作为女性，发现问题更为敏锐，实验探索更为细致，多角度换位思考也让组织协调攻关更为顺畅。当然，任何工作成绩的取得，都不是一帆风顺的，能吃苦、带领团队克服心理上的低谷期，也是非常关键的优势因素。

多年来，我始终主动冲锋在一线，虽然艰苦，但坚持下来就会发现苦中有甜。女同胞们以特有的敏锐、细腻和坚忍的特性在电缆施工运维这条赛道上走出了一条创新之路。由于智能化、数字化、科技化不断提升，很多纯体力工作已转变为智能一体化新型作业模式了。事实证明，女性胆大细致、善于观察和多角度换位思考等优势能够让更多姐妹们在各自领域大显身手，发挥更多作用。

多年来，我克服困难的法宝主要有：

一是系统的科学方法；二是扎实的技术功底；三是顽强的科研作风；四是目标统一的团队；五是敢于再来的勇气；六是良好的身心素质等。

问： 工作中印象最深刻的、感觉难度挑战最大的是什么？

何： 21 世纪以来，高压电缆日渐成为城市的“电力主动脉”。电缆又粗又重，中间的接头却十分脆弱，故障占比曾一度超 50%。故障损失巨大，抢修耗时耗力，且极易引起火灾断面丧失的扩大性区域停电故障，国内外都缺乏有效解决方案。我们在抢修过程中也发生过类似事件，虽然连续作业抢修，仍然由于时间周期长而无法让用户们满意，现场老百姓们一声声焦急地询问“什么时候来电”成了我们坚定进行创新的动力来源。

2008 年我开始带领团队向电缆整段无损敷设这一世界难题发起冲锋。当时，这个项目没有数据积累，没有模型公式，更没有国际先例，我就带着团队成员在工地搭起工棚实地分析，泡在图书馆查找资料，深入其他行业开展调研。在整整 8 年的研发之路上，一项项技术难题就在四面透风的工棚里，在激烈讨论的会议室中，在深夜寂静的办公桌前被逐一攻克。

2014 年，我们团队在全球首创“高落差高压电缆线路无损施工技术”，实现了高落差高压电缆由“分段再接”向“整段敷设”的重大变革，单段电缆长度从原来的三四百米延长至几千米。这项体系化成果填补了世界技术的空白，故障率大幅下降，在 2019 年获得国家科学技术进步奖二等奖，成果目前已在全国推广应用，并在海外 10 多个国家应用，极大地推动了高压电缆施工运维技术的进步。当前智能化、自动一体化施工作业成为作业主流趋势，我们后续也将持续改进完善，在运维领域加强智能化转型升级。

问：最难忘的工作细节是什么？内心最自豪的工作成就是什么？

何：记得刚进班组时，班里的老师傅就送给我一句话："认真只能把事情做对，用心才能把事情做好。"这句话成为伴随我至今的座右铭。在长期的抢修作业生涯中，我发现由于当时的国产故障探测设备技术落后，极大地限制了抢修作业的效率。而抢修作业量随着电缆化率的快速增长也不断增多，班组抢修最高纪录已经达到 1 周 5 次。在人员有限的情况下，如何提高抢修效率少停电的课题摆在了面前。

压力是动力，也是使命。我大胆提出了车载式大功率故障抢修装备组合、抗干扰电缆识别仪、不拆线带电故障判别等创新项目建议，得到了公司领导和同事的大力支持。在没有现成经验可供借鉴的情况下，我和同事们利用业余时间加班加点走访厂家、拜访同行，一次次设计试验再改进。

有过失败的沮丧，但更多的是在相互鼓励下每前进一小步带来的成功喜悦。当时支撑我们的信念就是，一定要想办法让老百姓拿着蒲扇焦急地等着我们抢修的场景一去不复返。随着网架更为坚强，也随着一个个项目的成功，我们抢修的效率正在不断提升，我们也感到非常自豪。今后，抢修作业还有很多创新之路要走，我们还需要持续努力。

问： 工作中的创新思路是从哪儿来的？

何： 创新思路主要源于系统的思维训练，建议大家系统学习。但很有意思的是，不少灵感也会借鉴非常生活化的场景。比如，我们在电力工程安全作业时碰到了一个难题——如何才能安全拆除可能带电的电缆封帽、堵盖，一个小小的红酒开瓶器让我大受启发。

根据它的原理，后来研制出由调节手柄、绝缘杆、活动钢抓和套筒头组成的“拆电缆头的操作杆”，工人像用开瓶器一样操作就可以安全拆除带电的电缆封帽、堵盖。

有段时间我一直在思考，怎么能更省时省力地将电缆敷设到位。有一次，我们的工程车在半路上爆胎，使用千斤顶更换轮胎时，我突然想到，可以研制一个轻巧灵便、专用于电缆敷设的起重设备。

问： 攻坚克难的动力在哪里？

何： 因为热爱。

每当看到锡城亮起的万家灯火，我觉得自己的职业平凡而伟大。行劳神不倦，吃苦趁年华。我想，组织上给了我这么多荣誉，是肯定，更是动力和鞭策！我将继续以身作则，带领团队持续继承和发扬劳模精神、劳动精神、工匠精神，认真用心，实干巧干，薪火相传，久久为功，为领跑新型电力系统建设贡献更多力量！

问： 您所在的行业，这些年发生的最大变化有哪些？您的感受是什么？

何： 随着国家低碳经济高质量发展的不断深入，电力系统面临如何高效适应分布式光伏、风电等新能源大规模接入、电动汽车爆发式增长等趋势带来的实际问题。电力系统安全稳定运行在充满挑战的同时，也迎来了新的发展机遇。

在 2024 年全国两会上，作为全国人大代表，我提出了加快新型电力系统建设，推动分布式光伏规范有序发展、新型储能高质量发展，加强新能源汽车充换电基础设施建设，加强密集输电通道线路设施保护 4 条建议。

希望通过更多先进的技术、更合理的商业模式、更便捷的配套服务、更规范的标准来填补技术、法律规范的空白，为用户提供更可靠、经济、高效、绿色的电力服务。

问：您是怎么理解工匠精神，工匠精神又是如何在您的工作中体现的？

何：工匠精神一代一代传承和创新，习近平总书记指出：“在长期实践中，我们培育了执着专注、精益求精、一丝不苟、追求卓越的工匠精神。”作为生产一线的劳动者，秉承共产党员的初心使命，为人民服务，在国网公司体现为人民电业为人民。随着现场新技术、新设备、新工艺的出现，随着新型电力系统的发展，现场会出现一系列新问题。

是躺平等着还是创新突破，是得过且过还是精益求精，动力就在于自己认同的价值观。

我们是国家电网人，可靠供电是我们的使命担当。然后是怎么干，我想主要就是想干 + 苦干 + 巧干。想干跨出了第一步；苦干才能攻坚克难，执着专注不放弃；巧干动脑才能解决突出难题，精益求精。此外，也需要适应市场，做好孵化技术迭代，追求卓越。

问：您对未来有哪些期待，有哪些想做的事情？

何：身处高质量发展新时代，我们电力人未来需要紧紧围绕构建新型电力系统，秉承人民电业为人民的宗旨，持续为用户提供更可靠、绿色、经济的电力服务。

未来，作为巾帼工作室联盟负责人，我将持续加强行业“卡脖子”技术的研发，加快新兴战略研发成果孵化转化，探索构建完善研发资源—工作室—实验室—孵化平台的多方衔接机制，积极推动巾帼创新人才梯队培养，让更多新型技术服务于更多用户。

同时，作为全国人大代表，要始终以人民利益为中心，加强基层调研，并发挥专业特长，提出更多高质量的议案建议，为社会高质量发展作出更多贡献。

问：对于各行各业的女同胞们和年轻人，您最想对她们说什么？

何：姐妹们，身处好时代，希望大家在各自领域持续努力，绽放更多芳华。

保持终身学习的好习惯，在不断学习中，持续好奇；培养探究问题、创新解决问题的习惯。我们要持续发扬工匠精神，唯有热爱，才能持续，绘就更多巾帼风采；我们要发挥好团队精神，众人拾柴火焰高，很多难题的解决需要群策群力；我们要依托创新平台和团队，培养更多的梯队人才，为行业高质量发展贡献更多巾帼力量。

冯颖慧

港珠澳大桥岛隧工程『画师』

冯颖慧，1979 年生

港珠澳大桥外海人工岛岛上建筑总建筑师

2020 年全国劳动模范

“尽管个人能力有限，但只要能发光发热，成就感和意义感就自然生发。”

纤纤妙手绘就万张图纸，严谨匠心落成百座建筑。在设计过近百件建筑作品的冯颖慧心中，最具分量的一件还是港珠澳大桥人工岛的设计。

坐落于伶仃洋上的港珠澳大桥，东起香港，西至珠海、澳门，55公里的总长度，从空中望去宛若一串细长瑰丽的项链。东西两座人工岛则如两颗明珠，静伫温柔海声之间。

2018 年 10 月 23 日，港珠澳大桥正式通车，对于冯颖慧来说，千言万语在那一刻只化作热泪盈眶。

冯颖慧与港珠澳大桥的故事，从一张餐巾纸开始。

“第一份手稿完成于 2013 年，当时我跟林鸣总工程师（港珠澳大桥岛隧工程项目总经理、总工程师）在出差时的汽车上，他拿起一张餐巾纸，在纸上画了一个骑楼的样式。”回想起第一份设计稿，冯颖慧依旧感到不可思议。

2014 年，冯颖慧奉命进入珠海港珠澳大桥岛隧工程中交联合体营地。建设初期的工地岛荒凉而贫瘠：没有一棵树，没有一家店铺，没有一个常住居民，更没有手机网络。四周是绵延不断的海水，炽热的太阳让皮肤变得黏腻和黝黑。阵阵涛声里，冯颖慧感到孤寂，但她义无反顾地挑起了重担。她调整了自己的婚假和生育计划，牢牢“扎”在工地，在岛上一待就是整整5年。

港珠澳大桥工程是一个具有超高集成度的项目，仅岛上建筑就囊括了20多个不同专业的协同合作和40多个单体子项的设计，其中每一个环节都需要冯颖慧带领团队一一协调。没有先例可循，没有经验可借鉴，冯颖慧只能带领团队一步步摸索、尝试……

冯颖慧没有想到，工程落幕之时，一张餐巾纸的“设计图”已变成上万张。“我们前后一共出了3版设计图纸。”冯颖慧介绍。从隧道的防淹到外海的抗风性能，从岛上设备的抽湿到设备的耐腐蚀性……一次次风险排查，数十项专题研究，搭建起一个更安全、全面的设计方案。数十人的设计团队，几年来时常处在连续熬夜的高压状态，就连剪个指甲都觉得浪费了宝贵的时间。最终，团队创作了过万张图纸，搬运它们的时候甚至要出动搬家公司。2018年9月，史上最强16级台风“山竹”正面袭击人工岛，岛上建筑毫发无损。

港珠澳大桥东、西人工岛从无到有逐渐成形的过程，仿佛是冯颖慧孕育了一个孩子。而她也取“岛”这个美好的寓意，命名她伴随世纪工程孕育而生的女儿“肖卓瀛”，希望女儿和众多“港珠澳宝宝”一样，像小岛一样永恒、美好，继承大桥人追求卓越、坚忍不拔的意志，长大后在奉献中释放自己的光和热。

“对话”

问： 您目前主要负责的工作内容是什么？您的工龄有多少年？

冯： 目前，我在中交第四航务工程勘察设计院有限公司规划研究院担任副院长，主要负责城市和地方重大基础建设项目的策划规划工作，同时兼任重点建筑设计项目的主管总工程师，以及科研课题研究的负责人。有24年的工龄。

问： 女性从事这份工作的优势是什么，劣势又是什么？如何克服困难逐渐取得成绩？

冯： 女性天生的细腻情感在规划与建筑设计领域中展现出无与伦比的魅力，作品也常常体现出女性独有的柔美灵气和深厚的内涵。女性在工作中表现出的细致与韧性，在以“钢铁与混凝土”为特质的工地中，能够激活出高效和谐的项目管理状态，降低沟通难度。然而，设计领域常态化的高强度加班工作，与女性天生的身体条件和其在家庭中的多重责任形成了尖锐的矛盾。

问： 工作中印象最深刻的、感觉难度挑战最大的是什么？

冯： 让我最难忘且值得铭记一生的经历，就是长驻港珠澳大桥工地多年的时光。承担国家重点战略工程的建设工作，其巨大压力来自“无案例借鉴、高速推进、不容有失、时间跨度长”等诸多因素。设计团队的图纸一旦延误，在港珠澳大桥外海孤岛施工的上千名工人就可能陷入停滞状态。

问： 最难忘的工作细节是什么？内心最自豪的工作成就是什么？

冯： 最难忘的工作细节是与设计团队共同在工地中挑灯夜战赶制图纸的日子，以及建设后期每日乘船奔赴外海孤岛施工现场，与数千名施工工人并肩作战的日子。与同事们在营地多年共事，感情深如战友。

我最自豪的工作成就是看着港珠澳大桥外海人工岛上的建筑在设计团队历时 5 年攻坚克难后，交付过万张图纸，圆满完成既定目标，不负所托。

问： 工作中的创新思路是从哪儿来的？

冯： “逢山开路，遇水架桥。”这是习近平总书记在港珠澳大桥通车仪式上赠予我们建设者的八个字，我至今依然铭刻在心。这几个字贯穿了我现在从事的各项工作，每当想起如雷震耳。

以终为始，以需求为导向，打破常规思考问题并进行各种优势资源的统筹协调，创新思路会自然涌现。

“逢山开路，遇水架桥”也是创新解决实际问题的综合体现。

问：攻坚克难的动力在哪里？

冯：当我意识到自己的工作是在为祖国的发展和科技进步贡献力量时，尽管个人能力有限，但只要能发光发热，成就感和意义感就自然生发，这也是克服困难的主要动力来源。

问：您所在的行业，这些年发生的最大变化有哪些？您的感受是什么？

冯：在改革开放以来的几十年间，我们国家的基础建设取得了举世瞩目的成就——从城镇到深山老林，高楼大厦、高速公路、大型桥梁相继而起，极大提升了人民的生活品质。同时，国家培养了大批工匠人才，积累了大量基建设备和技术。我们幸运地生活在这个时代，在这种历练和体验中获得不可多得的机会。

问：您是怎么理解工匠精神，工匠精神又是如何在您的工作中体现的？

冯：中华文明历来崇尚工匠精神，工匠精神在新时代中国特色社会主义的发展历程中尤为珍贵。我们国家在改革开放后的几十年间，走完了发达国家百年才能完成的发展道路。在规模化与高速发展的背景下，品质要求面临诸多挑战。只有拥有工匠精神的产品才能在大浪淘沙中脱颖而出。在我们的基建项目设计与规划中，每个项目都须付出更多的心血和努力，唯有如此，才能在市场和世界舞台上站稳脚跟。

问：您对未来有哪些期待，有哪些想做的事情？

冯：随着国家逐步进入高质量发展阶段，近年来广东省在新质生产力的发展中，明确了大力发展海洋经济的大方向。海上风电在近年爆发式增长，我们积累了大量的海洋装备生产和项目筹划经验，也培育了人才梯队。

尽管需要整合国际技术，海上风电的运行可靠性有待时间检验，但随着党和国家的鼓励政策和对工匠人才的重视，海洋产业的规模化、远海化、大型化发展趋势明显。当前，各方积极推进“延链、补链”举措，国家也大力鼓励依靠“有智慧、有技术、能发明、会创新”的工匠人才研发核心技术。

我相信，未来在新海洋经济产品“瓜熟蒂落”时，我们国家在新赛道叠加新旧优势，海洋系列产品出口和技术输出前景广阔。我们的团队依托海洋领域的技术优势，聚焦大海洋，为国家高质量发展贡献力量，也在培养年轻一代有志向、有理想的青年人才，为其提供良好的发展环境。

问： 对于各行各业的女同胞们和年轻人，您最想对她们说什么？

冯： 著名心理学家马丁·塞里格曼曾说："真正的幸福，不是为自己，而是用全部力量和才能效忠和服务一个超越自身的事物。一个人越发忘我，为所爱的人或物燃尽自己，对他而言，愈能成就真正的人。"

希望各行各业的女同胞和年轻人，都能找到发挥自己光热的意义感，在祖国发展的洪流中贡献自己的力量，不负韶华，尽享这时代赐予的荣光。

李兰女

情牵一丝一线　追梦制造强国

李兰女，1980 年生

建设中国第一条全流程国产设备数字化纺纱生产线

2016 年获评全国五一劳动奖章

“如果没有听到机器声，没有感受这个温度，心里反而不踏实。”

古通扬运河流水潺潺，河畔的江苏大生集团从 1899 年起已经不间断生产 124 年。集团的前身大生纱厂的创始人、爱国实业家张謇“遗留一二有用之事业”的精神遗产一直留在人们心中。专注于人生“有用之事业”，正是集团数字化纺纱车间副主任李兰女的追求。

初夏的南通，数字化纺纱车间内纱锭飞旋，机器轰鸣。早上 8 点多钟，和往常一样，李兰女戴上口罩，步入车间，在一架架纺车之间穿梭，时而停下查看纺车的生产动态和输出数据，叮嘱老工人带好车间新来的几名大学生。李兰女说：“以前在生产一线，我每天都要在车间待上七八个小时。现在虽然到了管理岗位，没有特殊情况，我还是会习惯每天过来转一转。如果没有听到机器声，没有感受这个温度，心里反而不踏实。”

来江苏大生集团之前，李兰女在南通纺织行业的名声是响当当的。她提出的“改进工艺增加梳理提高成品制成率”方案，使得精梳落棉量同比减少 2%，大大降低了纺织成本。而面对中国国内最好的机器设备，李兰女的关注点又在哪里呢?

来到江苏大生集团后，李兰女接手的第一份工作就是负责整个数字化纺纱车间的运转。这是中国第一条全流程国产设备数字化纺纱生产线，万锭用工 15 人，吨纱人工成本比以前下降 1500 元，生产效率提高 10% 以上。

李兰女说："纺织行业虽然是个传统行业，但也是在不断升级换代的。我始终觉得干纺织这一行，不光要懂得生产，更重要的是掌握科技知识，适应时代的变化。"李兰女带领她的团队沉在车间一线，先后攻克多项技术难题，熟练掌握数字化机器的调试维护，并将更多精力都放在提升产品的质量上，数字化纺纱车间的天丝类产品在市场上供不应求。

李兰女还说："我喜欢让年轻人接一接'烫手的山芋'，党的事业需要后继有人，纺织行业也需要一代又一代年轻人扛起重责。"传统产业的转型升级，呼唤新型的产业工人。李兰女在集团内推动产业工人薪酬制度改革，完善技能型人才评价体系，建立优秀产业工人鼓励激励制度，确保"招得进、留得住、用得好"。眼下，她正努力帮助公司储备的一批新大学生认识、认可纺织行业，同时致力于提升一线技术人员的水平。

从 1999 年到 2023 年，李兰女曾有多次转岗的机会，但她还是坚持留在纺纱车间。李兰女说："只有不断创新、不断突破，才能在一个行业里站稳脚跟。创新是我始终不变的追求，我希望我能每天进步一点点，在纺织业留下点痕迹。"

易冉

电焊『花木兰』

易冉，1982 年生

中国中车集团特级技师，首席技能专家

大国工匠

2013 年获评全国五一劳动奖章；2015 年全国劳动模范

“克服困难要从小事做起，做好每一件小事。遇到问题，不轻言放弃，方法总比问题多。”

23年前，当易冉走出校园，成为株洲车辆厂一名电焊工时，母亲不支持。“女孩子家，当老师、当医生、当公务员，当什么不好？干吗非要跟脏兮兮的焊枪、焊条为伍？”易冉心里明白，母亲在车间一线摸爬滚打了一辈子，让掌上明珠走自己的老路，她心里有一万个不忍。但事实证明，对于在株洲车辆厂长大，从小习惯了厂区生活的易冉来说，拿起焊枪、走进工厂、练就高超技艺是初心的坚守，是正确的选择。

都说“十个焊工九个黑，一天下来全身灰”，对焊工的辛苦易冉早有准备。可刚入厂的经历，还是给她浇了盆冷水。对于女电焊工来说，最难受的是焊接时飞溅的焊渣烧透衣服灼伤皮肤，而此时为了确保焊缝质量，施焊绝不能停，身体绝不能动，只能咬着牙忍受住滚烫的焊渣粘在皮肤上慢慢冷却，最终留下讨厌的瘢痕。凭着一股子韧劲，从手工焊到气保焊，从掌握理论知识到打牢实践技能，入厂仅半个月，易冉便正式上岗，一个月后代表中国南车参加株洲市“晨晖杯”职业技能大赛，3年成长为“电焊金星”，8年成长为中国南车最年轻的电焊高级技师。其间，易冉先后获评湖南省技能大师、中国中车首席技能专家、全国技术能手、大国工匠等各项荣誉。如果说单位集体的认可是易冉勤思苦练的回报，那么国际同行的赞誉则更加坚定了她技术报国的初心。在德国举办的“嘉克杯”国际电焊工大赛上，易冉一路过关斩将，荣获唯一特别奖，德国报纸夸赞她是“中国电焊花木兰”。

自强不息、立志以技能报国报企的易冉，是铁路技能湘军的佼佼者，是“中国制造”走向世界的践行者。在公司开发研制多款国铁车、出口车过程中，易冉承接了世界最大轴重澳大利亚车型的关键课题攻关。面对再大的困难，也绝不能退缩。苛刻的技术标准激发了易冉这个湘妹子的“霸蛮”劲。中国的技术工人，绝不能在外国专家面前丢脸。为了尽快完成攻关任务，易冉和班组夜以继日探索。经过数千次的反复验证，决定改变国际通用焊缝焊接顺序，大胆创新一套全新的焊接方法，完全满足产品质量的技术要求，并成功申报国家发明专利。面对优质的产品，平时冷若冰霜的外方专家竖起大拇指。

作为全国示范性劳模和工匠人才创新工作室领衔人，近年来，易冉带领团队与国内先进工作室互学互鉴、优势互补、资源共享，实现跨企业、跨工种、多层次的交流合作。参与行业焊接攻关项目试验100余项次，新材料焊接工艺性及工艺评定试验60余项，完成我国重载高速铁路货车技术创新94项，转化成果86项，申报专利56项，成果应用和推广直接为企创收36695万元；开展技术研讨、新焊接技术推广培训300多场，培养全国技术能手、中车技能专家、“双师型”等人才141人，工作室青年骨干先后在国际、国家、中车和省市职业技能竞赛中获得优异成绩。

“对话”

问： 您目前主要负责的工作内容是什么？您的工龄有多少年？

易： 目前主要负责铁路货车的焊接工作，作为全国示范性劳模和工匠人才工作室领衔人，带领党员先锋、金蓝领和劳模创新工作室团队开展焊接攻关和焊接人才梯队培养。工龄 24 年。

问： 女性从事这份工作的优势是什么，劣势又是什么？如何克服困难逐渐取得成绩？

易： 女性从事焊接工作的优势是细心、耐心；劣势是体力方面劣势比较明显。

克服困难要从小事做起，做好每一件小事。遇到问题，不轻言放弃，方法总比问题多，不断寻找解决问题的方法。

我在技校学习时是班上的制图课代表，喜欢把线条图画得一丝不苟，非常精准，这个细节对我参加工作后养成严谨、追求卓越的工作态度，影响非常大。

问： 工作中印象最深刻的、感觉难度挑战最大的是什么？

易： 工作中印象深刻的事情是公司前些年启动 1150 辆重载高速铝合金车生产大决战，我当时带领班组 15 名成员，每天从晚 7 点干到次日早 7 点，中间只有喝口水的时间，上厕所都要一路小跑。大家非常辛苦，每天脸上汗流得就像洗脸一样。为确保订单进度和均衡率，2 个月的时间，我们全班组员没有请过哪怕一个小时假。一天下来，脸上戴的毛巾口罩基本上都是黑的。工作服后背结满白花花的盐渍。为了产品高质量交付，再苦再累也值。

目前对我最大的挑战是：面对铁路货车数智制造、绿色制造升级，焊接机器人的学习应用。我的方法一是自身加强学习提升，二是团队攻关育才。2022 年国庆节前夕，我们公司开发出一款新型煤炭漏斗车，该型车具有智慧化与轻量化的特点，集成了北斗定位系统、无线电制动系统和复合材料防尘环保活动顶盖，自重系数达到世界领先水平。

我们工作室先后完成新产品技术创新 47 个，申报国家专利 33 项，发表论文 37 篇，成果直接为企创效 1.86 亿元，培养出一批高级焊接人才。

问：最难忘的工作细节是什么？内心最自豪的工作成就是什么？

易：最难忘的工作细节是，2012 年，公司试生产某种型号出口重载高速铁路货车，安排我负责“第一辆车”的试制，遇到的难题很多。一天，怀孕的我才上完白班，下班时又临时被通知晚上加班，调度关心地提出安排别人帮我代班。我怕新组员工作有闪失，毅然坚持晚上赶到试制现场。因为责任在心头，“第一辆车”试制成功，国外用户对高专业品质的“中国湖南制造”赞不绝口。

内心最自豪的工作成就是，能够带领工作室团队，只争朝夕为公司攻克焊接难题，生产出高质量的产品，出口到全世界。我和工作室团队近年来焊接攻关 100 余项次，培养 6 名中车专家。我和我的工作室同人，还要进一步努力弘扬工匠精神，咬定株洲公司“智能绿色制造”不放松，咬定中车“世界一流”品质不放松。

问：工作中的创新思路是从哪儿来的？

易：激活自己的创新源泉要树立三心：一是自信心；二是恒心，贵在坚持，创新过程留心观察，深入本质；三是耐挫心，向湘军创始人“屡战屡败、屡败屡战”的曾国藩学习，从失败中找原因，越找原因越接近“道”——规律，就越有解决之“法”，有解决之“法”，就离成功越近。

问： 攻坚克难的动力在哪里？

易： 在我的相册里，有 3 张令我最难忘的照片，一张是我 2000 年入职一个月，初出茅庐夺得株洲市总工会组织的电焊比赛亚军的照片；一张是 2011 年在德国参加国际电焊比赛，夺得唯一特别奖、被德国媒体誉为“中国电焊花木兰”的照片；一张是 2015 年 4 月 27 日，我作为湖南数百万产业工人的一分子，走进人民大会堂，接受习近平总书记等党和国家领导人颁奖。它们激励着我扎根“敢为人先”的潇湘沃土，为中国铁路货车“智能低碳 + 重载高速”梦、中部崛起“潇湘梦”而奋斗。

问： 您所在的行业，这些年发生的最大变化有哪些？您的感受是什么？

易： 入职中车株洲车辆有限公司 24 年来，我在工作中经历了传统铁路货车、重载高速铁路货车、智能低碳铁路货车 3 次产业升级。为掌握新技术、新工艺、新设备、新知识，我多次参加各级职业学习教育，尤其是对绿色低碳制造技术技能的学习，受益匪浅。在职业教育与产业升级“双驱动”下，我一步步完成了从徒工到技师、高级技师、省技能大师、湖湘工匠、高级工程师、特级技师、大国工匠的跨越。

我感受到各级工会组织对技能工匠的关心爱护，打造的各种成才平台让技能工匠更好地成长。通过工作岗位攻关是最好的成长通道。

问：您是怎么理解工匠精神，工匠精神又是如何在您的工作中体现的？

易：工匠精神的核心是用创新追求卓越，把活儿干得至善至美。前些年公司开发某高难度新车，我独创小月芽形的焊接摆动手法，既达到单面焊双面成型，又避免温度过高形成缺陷，焊缝非常漂亮。我又经过优化改进，提高工效 4 倍。海外用户对中车铁路湘军更加钦敬，订单纷至沓来。

问：您对未来有哪些期待，有哪些想做的事情？

易：进一步学习智能焊接技术。未来焊接技术发展方向是智能焊接、高效焊接，要学习掌握新技术，与手工焊接技巧结合，生产出更多高质量产品。

问：对于各行各业的女同胞们和年轻人，您最想对她们说什么？

易：牢记使命担当，以身许国前行。

顾春燕

为大国重器『点睛』

顾春燕，1985 年生

实现国内首个 10 微米金丝键合 TR 组件的工程化研制和生产

大国工匠

2023 年获评全国五一巾帼标兵

> 凡事多琢磨，多问几个为什么，多想几个怎么办，才能将设计师的思路变成线路，进而把线路变成出路。

一克黄金，拉出 10 微米直径、661 米长的金线，这大概是一根头发丝的 1/8 粗细，用这样的金线来串联雷达收发组件，没有机器可以完成，只有靠人。这种工艺被称为金丝键合，通过针尖的超声震动，使得金线和焊盘形成原子间连接来达到微焊接的目的。

中国电子科技集团公司第十四研究所微电路总装师顾春燕是精通这种工艺的技能专家。16 年来，她用一双巧手，串联起我国最尖端雷达的核心，为大国重器"点睛"。

"雷达天线阵面好比眼睛的视网膜，视网膜上分布的一个个既细小又精密的'细胞'，就是雷达组件。"顾春燕的工作就是在高倍显微镜下利用比头发丝还要细的金线，将"细胞"内条块分隔、高低不平的各类芯片连通激活。操作空间是在指甲盖大小近 30 层基板上，完成近百个芯片的贴装以及上千根金丝的"穿针引线"，实现芯片内只有一粒灰尘大小的互联互通。

工作时，顾春燕几乎不喝水、不上洗手间，数小时始终保持同一个姿势。身体的麻木感并没有让她退缩，十几年的坚持不懈，练就了键合时让金线和手腕拱起的弧度一致，形成了稳定的"肌肉记忆"。近年来，她多次参加国家级、省级微组装技能竞赛，均以绝对优势夺魁。在她看来，不断突破自己的技能峰值，练就手上“绝活儿”，已然成为她永不停歇的追求。

在一款产品研制过程中，团队遇到了一个从来没有过的键合难题。面对困难，顾春燕主动和设计师、工艺师深入交流沟通，尝试 10 多种刀具，反复试验上百次，最后大胆采用直径只有 15 微米的微型刀具，割开了芯片上 10 微米带钝化层的线条并键合到相邻位置，顺利地在薄如蝉翼的芯片上完成了“心脏搭桥手术”。现在面对产品的不断迭代更新，对原有的工艺设计规范不断提出新的挑战。顾春燕说：“凡事多琢磨，多问几个为什么，多想几个怎么办，才能将设计师的思路变成线路，进而把线路变成出路。”

作为微组装高技能人才，顾春燕担负所内研制性产品首件全流程作业任务，责任重大，使命光荣。“作为一名军工人，我手上的活儿始终与报效祖国紧密联系在一起。”顾春燕说，自己将始终力求尽善尽美、尽职尽责、尽心尽力，在强国强军事业新征程中，顶起“半边天”，闯出一条路，干出新辉煌。

马婷

守护列车『心脏』的高原医生

马婷，1992 年生，回族

现任西宁东车辆段货车检修车间内制动班制动钳工

2021 年荣获全国五一巾帼奖章

“人生有着无限能量，青春有着无限可能，趁着年轻，要努力奋斗，用奋斗的青春书写美丽灿烂的人生画卷。”

2013年金秋十月，“90后”女孩马婷大学毕业后到中国铁路青藏集团有限公司西宁东车辆段参加工作，从事铁路货车车辆制动阀检修工作。在师父的教导下，她开始沉下心来学习业务知识，认真学习掌握岗位技能，遇到不懂不会的就虚心向师父和班组长请教，快速掌握了货车制动阀检修作业方法、标准和流程。为了牢记复杂的设备性能参数，马婷将牵涉车辆内制动的组装、分解、研磨等岗位的1000多道专业题拷贝到自己的手机上，一有闲暇，就拿出来一遍遍读，一遍遍分析，甚至连家里床头摆放的都是她打印出来的专业题。经过刻苦努力的学习，她的业务技术突飞猛进，很快她就熟练掌握了制动阀检修作业方法、标准和流程等所需的业务知识，并且对每个密封圈及模板的尺寸都了如指掌。

2018年，她作为集团公司唯一的车辆系统女选手，前往沈阳参加了全国铁道行业技术比武。在各类比赛中她和很多男选手同台竞技，巾帼不让须眉，多次在技术比武中脱颖而出，展现出新时代铁路青年拼搏进取的工作风貌。

为了提高制动阀检修质量，减少120阀检修返工率，马婷时常给自己加班，用工休的时间在检修台、实验台之间奔波，反复地比对数据，查找问题，提升自己。为了提高制动阀检修、组装、研磨的准确率，她用密密麻麻的笔记，记录120制动阀故障的分布规律和常见故障类型，以自己好学肯干的毅力和不服输的精神，分析检修作业中出现的各种“疑难杂症”，不断地总结和积累经验，并融会贯通消化成为自己的知识和技能，夯实了基本功，并总结出一套120制动阀故障判定的方法，大大提高了故障的发现与判别速度。为了解决120制动阀配件容易错装的问题，通过技术攻关，她和小组成员共同研制了120制动阀配件辆份配送盒，该项QC成果荣获全国优秀质量成果奖。

在车间团支部书记的岗位上，马婷主动激发团员青年的工作热情，进一步增强了团组织的凝聚力、战斗力和吸引力。青海西宁突发新冠疫情，马婷看到社区工作人员、医护人员、公安民警以及志愿者日夜坚守岗位奋战在防疫一线，为了让防疫人员能吃上热乎的饭菜，她发动全家一起为防疫人员免费制作了170余份爱心餐。

马婷在工作之余还练就了一手好毛笔字。2018年，她临摹的楷书《短歌行》入围青海省书法展。她说：“人生有着无限能量，青春有着无限可能，趁着年轻，要努力奋斗，用奋斗的青春书写美丽灿烂的人生画卷。”

肆

风气之先

谭竹青

小巷『总理』

谭竹青（1931—2005 年）

曾任长春市二道区东站街道十委社区党委书记、

居委会主任

1995 年全国劳动模范

“居民的事是大事。”

1957年10月，谭竹青随丈夫调到长春市二道区东站十委担任居委会主任。

居民的需求、百姓的琐事，对谭竹青来说，这些“小事”就是实实在在的“大事”。20世纪70年代，东站十委附近还没一家幼儿园，谭竹青看在眼里，急在心上。她找来人设计出幼儿园的图纸，可实地选址测量时，正好需要拆掉她家的半间房。大家主张把设计改改，她的儿媳妇也想不通：“哪有拆自家房给公家建幼儿园的呀？”谭竹青说:“居民的事是大事，自家的事怎么也好凑合。好不容易盖个幼儿园，不能让孩子们受委屈。”幼儿园按原设计方案建成了，社区和附近的家长们不用再为孩子上学的事发愁了，可谭竹青一家却仅剩下不足10平方米的土坯房，一住就是10多年。

20世纪80年代初期，东站十委的经济非常困难，那时居民有买早点难、子女入托难、行路难、就医难、维修房屋难、理发难、孤寡老人生活难、待业青年就业和“两劳”释放人员安置难八个难题。居委会资金紧张，谭竹青有心为居民改善环境，却怎一个“难”字了得。她绞尽脑汁，苦苦思索，想着如何借改革的春风发展经济，为群众多办一些实实在在的好事。谭竹青带头拿出了家里仅有的 450 元钱，会同其他干部的积蓄，领着待业青年去河边挖沙子，上工地拣砖头、盖房子。1981 年初，十委的“如意小吃部”开张了。

靠着几年的艰苦奋斗，谭竹青的手里有了几万块钱，她又带领大家办起了麻花作坊、鞋厂、皮革厂、服装厂等十几个企业，委办企业从无到有，从小到大，不断发展壮大。社区盖起了幼儿园和敬老院，建立了长春市第一个由社区居委会牵头兴建管理的 3500 平方米的室内综合市场。从 450 元筹建的“如意小吃部”到十委社区 17 个大小企业，固定资产 2000 万元，年创产值千万元以上。没向国家要一分钱，没向银行贷一笔款，而且还向国家交纳税金几百万元。国家给予她个人的奖金，也全部用在了十委社区发展经济和救助困难户上。

为了不断满足和改善社区居民的需求，谭竹青带领大家陆续又花了 10 万元建起了社区益寿院、阅览室、健身房、录像厅、游艺部，用 150 万元为社区建成了 1780 平方米的服务中心。凡是她能想到的、居民需要的，她都昼夜奔忙，一件件落实到社区的土地上。1994 年，为了让居民早日圆上楼房梦，时年 63 岁的谭竹青为找开发商四处奔走。可是，这个工程回迁率高达 63.89%，一个个开发商扭头走人。谭竹青却不气馁，昼夜奔波、苦口婆心与开发商协商、走访政府七大部门。有一次，晚上 9 点多钟，她把市长堵在了家门口。就这样在当年年底，5 栋住宅楼拔地而起，547 户低收入居民欢天喜地迁入新居。2005 年 11 月 30 日，谭竹青去世的前 4 天，十委最后一个回迁户住进了新楼房。

布茹玛汗·毛勒朵

刻『中国石』

布茹玛汗·毛勒朵，1942 年生，柯尔克孜族

乌恰县吉根乡护边员

2009 年获评全国五一劳动奖章；2019 年被授予人民楷模荣誉称号

“我过去吃的苦像山那么多，你们现在也要守护好祖国的边境线。”

布茹玛汗·毛勒朵是新疆克孜勒苏柯尔克孜自治州乌恰县吉根乡冬古拉玛通外山口的一名护边员。这里海拔 4290 米，是帕米尔高原中国通往吉尔吉斯斯坦的一处边防隘口。她在冬古拉玛边防线上 50 多年如一日巡边护边，每天最少要走 20 公里山路。在她守护的山口，创造出无一例人畜越境事件的守边业绩。

1961 年，19 岁的布茹玛汗跟随丈夫在冬古拉玛安家。她发现，这里虽有边界线，但没有界碑。那时的她，便立下手刻界碑的心愿。当她第一次将“中国”两个字刻在石头上时，欣喜地将那块石头抱在怀中。50 多年过去了，她在边境线上 10 万多块大大小小的石头上刻下“中国”两个字。这些“中国石”成为当地护边守边、彰显爱国情怀的象征。

布茹玛汗对于边境线的守护执着得近乎“偏执”，也曾遭遇过无数危险，边境线悬崖、乱石滩沟壑密布，她的腿脚经常被尖利的岩石划出道道血口子，很多次受困于暴风雪中……但她无怨无悔，从未想过退缩。她始终认为：“边境线安稳国家才能安稳，人们才能有幸福生活，我做了应该做的事，度过了有意义的一生。”

拥军爱军是布茹玛汗常年坚持的另一件事。她记不清救治过多少冻伤、摔伤、被困暴风雪的“兵娃”，给他们妈妈般的爱与呵护。浙江籍战士罗齐辉双腿严重冻伤，布茹玛汗把小战士的双脚揣在自己怀里暖着，让儿子杀山羊接热血救治。边防战士胡红利带领 7 名战士被困半山腰，布茹玛汗和儿子背着干粮摸着石头险中前进，把救命干粮送到战士们手中。

布茹玛汗视边防军如子女，自己生活十分贫困，却竭尽自己所有给边防战士吃住用。她将仅有的羊留给战士们吃，将最暖的铺盖留给边防战士盖，她守在火堆边烤干战士们被雪浸湿的鞋袜，她细心补好战士们破了的衣服。每年“八一”建军节，她都会在家里准备酥油卷饼、奶茶，宰杀牛羊，请边防战士到家里庆祝节日。她只要有空就用自己手工捻的羊毛和骆驼毛织毛衣、毛裤、毛袜子，给“兵娃”们当过冬衣物。历届守边官兵们都亲切地叫她“冬古拉玛妈妈”。

对于布茹玛汗而言，热爱祖国是一种信仰。这已经成为家风并得以传承。她对子女说：“我过去吃的苦像山那么多，你们现在也要守护好祖国的边境线。”布茹玛汗的儿子买尔干从 12 岁起就跟着妈妈巡边护边。如今，40 岁出头的他已是当地护边员小组组长。

2019 年，布茹玛汗・毛勒朵 77 岁。她生命中绝大部分时光，是在祖国最西端的边境线上度过。50 余载，只为守护国家边境，极致的忠诚热爱，坚定执着。

林丹

把小事情做成大事业

林丹，1948 年生

福建省福州市鼓楼区东街街道军门社区党委书记、居委会主任

2021 年被授予七一勋章，2010 年全国先进工作者（享受待遇）

> 社区工作者不是官，是居民群众的服务员。

军门社区位于福州市鼓楼区中心最繁华的地段。这里曾经又老又旧，如今一座座旧楼房换上新颜，还用好“数字福建”的技术优势，打造了全省首个智慧社区。社区先后荣获“全国先进基层党组织”“全国文明单位”等180多项称号。这深刻变化的背后，社区党委书记林丹付出甚多。

林丹常说：“军门社区是生我养我的地方，是我的人生舞台。22岁步入社区工作，50年风雨走来，我时刻谨记‘我是一名共产党员’，我在这里交了朋友，成了居民群众的知心人、贴心人。”

1991年初，时任福州市委书记的习近平到军门社区调研，询问“居委会是否有党支部”，当听到林丹“没有”的回答后，他叮嘱说“居委会要成立党支部”。在林丹的积极努力下，1991年下半年军门社区居委会在全市率先成立了党支部。在林丹眼中，“小巷”事务能够获得如此多的嘉奖，在于“一片丹心为民”，在于以党建引领社区治理的创新智慧。她发起成立党建联盟，首创“林丹党代表工作室”“社区党员联系卡”“三必访”“党员义务十大员”“党员代理服务制”等富有实效的党建工作品牌。已在全国推广的“135”社区党建工作模式，也是发源于军门社区。

“社区工作者不是官，是居民群众的服务员”，这是林丹经常挂在嘴边的一句话。军门社区的居民们常说：“哪里有困难，哪里就会有林丹书记的身影。”“这么多年，我深刻体会到，要做好社区工作，就得把居民的琐事、难事、烦心事，件件都当作自己的事来办。所以，我早已把社区当成了家。”林丹如是说。率先在社区推行“一趟不用跑，最多跑一趟”服务，设立居民恳谈日，成立全市第一家公立少儿托管中心等，她把党的工作做到群众心坎上，被群众亲切地称为“小巷总理”。

每天早上林丹总是第一个到社区工作站把大门开好，这是服务群众的“脸面”，晚上总是把所有房间巡视一遍，最后一个离开。上了年纪腿脚不方便，她仍每天穿行于社区的大街小巷。她每天从早到晚都在和群众打交道，一刻不停地与群众交流，长期用嗓过度，落下了声音沙哑的“职业病”，已经接受了 2 次声带手术。

一双脚板、一颗热心，林丹用实际行动彰显了共产党员的责任和担当，更以榜样的力量激励着无数人，立足平凡岗位，在为民服务中实现不凡的人生价值。

张海迪

我要做一个对社会有用的人

张海迪，1955 年生

国家一级作家，曾任中国残疾人联合会主席

1983 年 5 月，中共中央发出《向张海迪同志学习的决定》

2000 年全国先进工作者

“既然是颗流星，就要把光留给人间，把一切献给人民。”

“既然是颗流星，就要把光留给人间，把一切献给人民。”这是张海迪少女时代在日记中写的一段话。

5 岁那年，张海迪因脊髓病变，身体从胸部以下失去知觉，高位截瘫，从此张海迪只能每天躺在床上，趴在窗边看着别的孩子背着书包去上学。那时，学校不收残疾孩子。父母鼓励张海迪要做一个坚强的人，为她买了很多书。张海迪从此开始了艰苦的自学。她自己学拼音查字典，很快就学会了读书、算数。少女时代，张海迪以顽强的毅力学完了小学和中学的课程。

1970 年，15 岁的张海迪跟着父母下放，来到山东莘县一个没有电灯和自来水的贫困小村庄。她没有惧怕艰苦的生活，而是以乐观向上的精神奉献自己的青春。她给村里小学的孩子们当老师，教他们读书、唱歌。乡亲们看病很难，她就自学医学知识，在自己身上练习针灸。在莘县期间，张海迪为群众治病 1 万多人次，受到乡亲们的赞誉。

张海迪说：“人生的意义在于奉献。”她以自己的生活历程回答了亿万青年的人生观、价值观问题，并把自己的光和热献给人民，激励着千千万万的青年去奋斗。

1983年张海迪开始文学创作，先后出版了200多万字的作品，长篇小说《轮椅上的梦》《绝顶》《天长地久》，散文集《生命的追问》《我的德国笔记》等，都凝聚着张海迪对文学的执着和热爱。

1993年，张海迪获得吉林大学哲学硕士学位；2013年，英国约克大学授予张海迪荣誉博士学位；2015年，美国麻省大学波士顿分校授予张海迪艺术与人文荣誉博士学位。

2008年，张海迪当选中国残联主席。15年来，她克服病痛和困难，经常到贫困地区入村入户调研，看望残疾人，倾听他们的呼声，帮助他们解决困难。她说："全国有8500万残疾人，他们最需要帮助。残疾人工作者要做高尚的、擎着火把为残疾人照亮生活道路的人。"

张海迪特别关心残疾儿童，她说："我永远不会忘记童年在病床上的日子。每当看到盲孩子摸索着走来，看到他们摸着盲文读书，我都会流下眼泪。我要努力工作，为孩子们创造美好的生活，让他们拥有幸福的童年。"

潘兰英

困难职工的『贴心人』

潘兰英，1959 年生

全国第一个以劳动模范的名字命名的职工维权热线品牌负责人

2000 年全国劳动模范；2009 年获评时代领跑者——新中国成立以来最具影响的劳动模范

“能看到一名下岗职工重新就业，还有什么比这更幸福。”

“能看到一名下岗职工重新就业，还有什么比这更幸福。”在潘兰英的工会工作生涯中，她最牵挂的就是下岗工人。

1994 年 5 月，潘兰英成为停产企业的“留守工会主席”时，全厂 685 名职工有 665 人下岗。她在 5 年时间里，自费跑了 100 多家企业，走访了 340 余户困难职工家庭，先后帮助 170 多人谋到新职业，解决了 180 名退休职工的养老金，帮助 200 多户家庭缓解了困难，而自己则贴进去了 4000 多元生活费。

2000 年 9 月，潘兰英被组织上调到黄石铁山区总工会任副主席，她“为党分忧，为职工解难”的信念没有变。上任伊始，她带着同事们跑遍了全区企事业单位，为 25 家停产、半停产企业和 1200 户特困职工建立了档案。通过收集用工信息、自创就业基地以及多渠道推介就业等办法，几年中，收到各类用工信息近 5000 条，提供就业岗位 3000 多个，推介下岗职工实现再就业 5731 人，使 120 多个下岗特困职工家庭逐步摆脱贫穷，累计免费培训下岗失业人员 2700 多人，就业和再就业率达到 100%。

2005 年 9 月，黄石市总工会组合社会资源，成立了“潘兰英职工维权服务热线”。潘兰英任热线负责人以来，积极协调各方面的关系，整合社会资源和力量，将工会的维权帮扶行为变成了全社会的维权帮扶行动，极大地提高了工会维权帮扶工作的成效。

热线开通的第一天，就接到60多个电话，直接上门来访的就有20多人。面对一大堆难题，潘兰英从一起拖了3年没有解决的问题入手开展调查。某企业当年破产时由于资金不到位，无法兑现129名职工的安置费，致使大部分职工生活无着落。潘兰英带着热线的工作人员，多次到市行业协会、企业破产清算组以及相关单位，掌握了大量第一手材料，经过多方协调，耗时4个多月，她人瘦了十来斤，终于将134万元职工安置费补偿到位，并为职工们缴纳了144万元的养老保险。

热线开通近4年，帮扶中心共接待职工群众4781人次，其中，来信来访4018件，信访办结率达98%，共为3465名职工解决各类资金1413.5万元；培训和帮助3200多名下岗失业人员和进城务工人员实现就业，帮助226名困难职工子女圆了大学梦。此外，还多次协助省外的农民工解决了他们求助的难题，热线办公室的墙上挂满了锦旗，每一面锦旗背后都有一段感人的维权故事。“潘兰英职工维权服务热线”也被授予“全国工会系统先进集体”称号。

“对话”

问： 您目前主要负责的工作内容是什么？您的工龄有多少年？

潘： 我于1975年参加工作，2014年退休，工龄近40年。我参加工作后的第一个工作单位是黄石市丝绸厂，最初是一名挡车工，后来又担任了班长、车间党支部书记。1992年，我在党组织的认可和工友们的信任下，担任了厂工会主席。1994年，受多种因素影响，黄石市丝绸厂停产，35岁的我就成了“留守工会主席”。

从那时起，我擦干眼泪，选择坚强，全身心地投入下岗职工的再就业和职工养老保险办理工作之中，5年里走访下岗职工家庭344户，协助121户下岗职工办理了特困证，为615名下岗职工办理了下岗证，帮助170多名下岗职工谋到了新职业，解决了180名退休职工的养老金问题，还为39户特困户联系结对帮扶，帮助解决34户困难职工的子女上学读书问题。

2000年，我被评为全国劳动模范。同年9月，我被调到黄石市铁山区总工会担任副主席。无论身份怎么改变，我扎根基层为职工服务的信念始终没有改变，继续在新的岗位上为职工服务。2002 年，我开通了“潘兰英热线”，专门接听职工来电，帮助职工排忧解难。2005 年，黄石市总工会整合资源，成立“潘兰英职工维权服务热线”，由我担任负责人。我在这个岗位上又工作了 10 年，直到退休。

问： 女性从事这份工作的优势是什么，劣势又是什么？如何克服困难逐渐取得成绩？

潘： 工会组织是职工的“娘家”，工会干部是职工的“娘家人”，女性作为“娘家人”的优势，就是对“子女”也就是职工无微不至地呵护和爱。

问： 工作中印象最深刻的、感觉难度挑战最大的是什么？

潘： 工作中印象最深刻的是黄石市丝绸厂停产以后，当时全厂 180 名退休工人没有钱发退休金；在岗 665 人下岗，面临再就业问题。而厂里 95% 以上都是女职工，年龄大且技术单一，找工作十分困难。

我有时为了帮一名下岗职工找到一个合适的岗位要跑四五天，找三四个部门。苦恼和失望常常如影随形，吃闭门羹，坐冷板凳，听风凉话，跑冤枉路。我自己的经济状况也不好，能走路时我坚决不坐车。在外面经常找不到水喝，我就渐渐养成外出不喝水的习惯。终日奔波累得我两腿发软，有时瘫坐在地上迟迟站不起来，铁打的汉子也累垮了。但我身为工会主席，就要为职工履职尽责。通过大家的共同努力，终于解决了 180 名退休职工的养老金和在职工人 10 年的社会养老统筹金。

问： 最难忘的工作细节是什么？

潘： 最难忘的是 2005 年 9 月 13 日，“潘兰英职工维权服务热线”开通的第一天，就接到 60 多个电话，直接上门来访的有 20 多人。面对一大堆难题，我从一个拖了 3 年没有解决的问题入手开展调查。该企业当年破产时由于资金不到位，无法兑现 129 名职工的安置费，致使大部分职工生活无着落。

我带着热线工作人员，多次到企业破产清算组以及相关单位走访，掌握了大量第一手材料，经过多方协调，耗时 4 个多月，终于将 134 万元职工安置费补偿到位，并为职工们缴纳了 144 万元的养老保险。

问： 内心最自豪的工作成就是什么？

潘： 在黄石市“潘兰英职工维权服务热线”的日常工作中，我们热线工作人员对待信访职工的每一个诉求，都会认真处理。在工作中渐渐形成了“十心”守则：

接待职工要热心，一杯热茶笑脸迎；询问细节要耐心，来龙去脉要摸清；调查取证要细心，多跑多问腿要勤；主持调解要公心，政策法规要端平；化解矛盾要专心，劳资互利双方赢；借权维权要齐心，一枝一叶终成林；面对困难要信心，背靠工会大家庭；对待职工要真心，职工诉求总关情；热线服务要恒心，风雨同行一家亲；构建和谐要同心，团结互助携手行。

最使我内心感到自豪的是，我们每办结一件职工托办的事情，坚信职工的心与党就贴得更近，工会对职工的凝聚力、吸引力就更强！

问： 工作中的创新思路是从哪儿来的？

潘： 在日常的工作中，为了更好服务职工，解决职工群众的实际困难和问题，我的创新思路主要来自以下方面：一是从学习中来，比如在书本中学，在法律法规中学，在向劳动人事部门和律师请教中学，在向工会前辈请教中学。二是从总结中来，通过对接访数据进行总结，针对性地提出工作中解决问题的方法和思路，以便更快更好解决职工反映的困难和问题。三是从反思中来，及时反思存在的问题和困难，发挥热线工作人员团队作用，集思广益，勇于担责，乐于奉献，使我们处理的每一个职工的诉求都经得起历史的检验。

问： 攻坚克难的动力在哪里？

潘： 在当年厂子破产时最困难的时刻，我始终秉持着必胜的信念，企业虽然停产关闭，但党组织还在，工会还在，希望还在！我作为工会干部，就要为职工排忧解难，让他们找到新工作，领到养老金。

问： 您所在的行业，这些年发生的最大变化有哪些？您的感受是什么？

潘： 随着经济的发展、社会的进步，当年国有企业破产、改制后遗留下来的问题基本上得到了妥善解决。与此同时，新就业形态劳动者队伍不断壮大。由于新就业形态劳动者与过去的职工差异较大，给我们工会维权工作带来了新的挑战。

问： 您是怎么理解工匠精神，工匠精神又是如何在您的工作中体现的？

潘： 在工会信访工作中，我理解的工匠精神是，作为一名热线工作人员，在接待和处理每一名职工的诉求时，要上为党分忧，下为职工解难，依法依情，勇于担当，实事求是，精准处理每一件职工诉求的问题，经得起历史的检验。

问： 您对未来有哪些期待，有哪些想做的事情？

潘： 希望“潘兰英职工维权服务热线”发扬光大，帮助更多真正需要帮助的人群，让党放心，让职工群众满意。我虽然已退休 10 年，依然会为信访工作提供力所能及的帮助。

问： 对于各行各业的女同胞们和年轻人，您最想对她们说什么？

潘： 女同胞和年轻人一定要自立自强、自信自爱，要凭借个人的综合能力与素质在社会上赢得更好的立足之地。

卓 嘎

扎根雪域边陲的格桑花

卓嘎，1961 年生，藏族

以抵边放牧、巡逻的方式数十年如一日用脚步丈量守护神圣国土

2021 年被授予七一勋章

“我们一定会看好守好祖国疆域上的一草一木，带动更多农牧民群众像格桑花一样扎根在雪域边陲，做神圣国土的守护者、幸福家园的建设者！”

党的二十大代表、七一勋章获得者、“时代楷模”卓嘎，牢记习近平总书记的殷殷嘱托，秉持“家是玉麦、国是中国”的坚定信念，感恩奋进，以抵边放牧、巡逻的方式数十年如一日用脚步丈量守护神圣国土，是爱国守边精神的传承者。卓嘎的家乡玉麦乡地处中国西南边陲，1964 年至 1996 年，桑杰曲巴家是这片土地上仅有的一户人家。一个爸爸，两个女儿，一栋房子，既是乡政府，也是他们的家。

卓嘎的父亲桑杰曲巴是名老民兵，放牧守边 34 年，从未离开过这片土地。卓嘎和央宗姐妹俩在父亲的影响和带领下，加入了中国共产党。半个多世纪以来，父女三人以放牧为生，守护着祖国数千平方公里的国土。父亲桑杰曲巴常对卓嘎和央宗说：“如果我们走了，这块国土上就没有人了！”这句话，两个女儿记了一辈子，她们知道，守护土地，就是守护国家。卓嘎是爱国守边精神的传承者，将国旗挂遍走过的每一条路，践行了“再苦再累也要守好祖国的每一寸土地”的承诺。2017 年 10 月 28 日，习近平总书记给卓嘎、央宗姐妹回信，肯定她们父女两代接力为国守边的行为，并希望她们“继续传承爱国守边的精神，带动更多牧民群众像格桑花一样扎根在雪域边陲，做神圣国土的守护者、幸福家园的建设者”。习近平总书记的回信，坚定了卓嘎、央宗守边的信心和决心。卓嘎、央宗姐妹表示：“家是玉麦，国是中国。请习近平总书记放心，我们一定会看好守好祖国疆域上的一草一木，带动更多农牧民群众像格桑花一样扎根在雪域边陲，做神圣国土的守护者、幸福家园的建设者！”

卓嘎、央宗姐妹的事迹激励更多农牧民加入守边固边、兴边强边的队伍。在卓嘎、央宗姐妹的带领下，玉麦乡群众自觉尊法学法守法用法，国家意识、公民意识、法治意识不断增强，成为“守法模范、戍边卫士、国家坐标”。曾经只有一家三口的高原孤岛，已经成为各族群众共建美好家园的热土。

任长霞

闪耀星河的绚丽彩霞

任长霞（1964—2004 年）

被誉为“警界女神警”

2004 年获评全国五一劳动奖章；2009 年被评为时代领跑者——新中国成立以来最具影响的劳动模范；2019 年获评最美奋斗者

“我认为警察就是我的天职，为自己执着追求的事业而献身，值！”

1983年警校毕业后，任长霞被分配到郑州市公安局中原分局从事预审工作。她刻苦钻研业务，从一个不起眼的“新兵丫头”，逐渐成了“办案能手”。1992年11月，任长霞在郑州市公安系统和市政法战线两次岗位练兵大比武中，勇夺双冠。1994年11月，她又在全省政法战线大比武中，以优异成绩夺得第一名。

1998年，任长霞被提拔为郑州市公安局技侦支队支队长。两年的时间里，任长霞带领支队民警跑遍了全国20多个省市，破获了300余起抢劫、杀人等重特大案件，抓获了350多名犯罪嫌疑人。

2001年4月，任长霞调任登封市公安局局长。她将全部精力集中到破大案、破积案上，打响了一场又一场攻坚战。2001年4月23日，任长霞从一封群众来信中了解到，松颖避暑山庄老板王松纠集家族成员、两劳释放人员在白沙湖一带横行乡里，敲诈勒索，致使上百人受到伤害，7人丧命，民怨极大。

为了彻底拔出这颗扎进登封血肉里的钉子，想百姓之所想、急百姓之所急的任长霞成立了专案组，秘密搜集走访调查。一番调查过后，4月29日，王松手下的爪牙因参与作案被抓获，王松企图以钱开路，打通关节，救出这几个“弟兄”。5 月 1 日晚，王松来到任长霞办公室，刚一进门便甩出了一沓钱，请任长霞“高抬贵手，网开一面”。面对罪犯的贿赂，任长霞严词拒绝，并将计就计，指令民警将王松一举擒获。随后，任长霞乘胜追击，把以王松为首的整个黑恶势力团伙全部捣毁。消息传开后，登封、禹州等地数千百姓敲锣打鼓，感谢任长霞为民除害。

从警 21 年，任长霞始终把人民群众的疾苦和安危放在心上，忠诚履职尽责，守护一方平安，赢得群众广泛赞誉。据统计，任长霞在中原分局预审科工作期间，共挖余罪、破积案 1072 起，追捕犯罪嫌疑人 950 余人，创造了河南公安预审史上无可比拟的成绩。在担任登封市公安局局长的短短 3 年时间里，任长霞解决了登封 230 起的控申积案，带领公安局上上下下侦破的刑事案件共 2870 起，抓获嫌疑人 3200 多人。

2004 年 4 月 14 日晚 8 时 40 分，任长霞在侦破“1·30”案件中，发生车祸，不幸因公殉职，年仅 40 岁。

徐咏梅

科技赋能领脱贫

徐咏梅，1967 年生

扎根海南专注农业 23 年，创建脱贫攻坚接续乡村振兴模式

2020 年荣获全国脱贫攻坚奖奉献奖；2022 年获评全国三八红旗手

> 乡村振兴的主体是广大农民，将农民真正带动起来，使其具备自我造血能力，打造任何人带不走的乡村振兴队伍。

一个机缘，俊美秀雅的陕西姑娘一头扎进了海南热带农业；一份情怀，留学归来的学子把产业发展与扶贫事业紧密相连。她就是海南天地人生态农业股份有限公司法定代表人、董事长徐咏梅。

20 年前，她从海外留学归来，由于一个偶然的机会投身海南热带农业，专注热带水果产业，一干就是 23 个春秋。

立足海南，彰显优势，创全国品牌。海南是热带水果种植的天堂。徐咏梅带领天地人团队立足海南，扎根农业，种植面积从起始的 50 亩发展到现在的 30000 亩，增长近 600 倍。公司拥有全国最大的金钻凤梨种植基地 18000 亩。

遴选品种，引进技术，挖种业潜力。公司根据热带水果产业发展趋势和水果市场消费升级需求，通过引进、研发和技术合作，拥有了热带柚、火龙果、红心番石榴等多个热带水果的领先品种。截至目前，公司引进和研发的热带水果品种 28 个，其中受国家知识产权保护的品种 1 个，正在申报的自主知识产权品种 2 个，在天地人热带水果全产业链建设中，种业起到引领作用。

创业一方，带富一方，立联农机制。徐咏梅始终坚持创业一方、带富一方的理念，积极探索利益联结机制。产业帮扶模式从土地入股保底 + 分红 + 务工 1.0 模式、资金入股分红 2.0 模式到“合作社 +”3.0 模式，即“市场主导、企业赋能、政策扶持、利益联结”的产业发展模式。截至 2020 年底全国脱贫攻坚收官，公司累计给贫困户分红 3015 万元，使 7137 户 31328 名贫困人口脱贫出列。

为巩固拓展脱贫攻坚成果，有效接续乡村振兴，徐咏梅带领团队创建共建共享共富乡村产业振兴 4.0 模式。公司在临高县临城镇规划建设“天地人热带水果 10 里长廊共享农庄”项目，打造以热带水果产业为主题，集农产品加工、旅游观光、休闲科普、数字乡村、智慧农业、产学研于一体，各要素集聚的共享农庄，形成与自贸港建设相匹配的农业新业态。通过进一步完善赋能体系，先富带后富，走出一条实现共同富裕的发展路径。

20 多年的奋力拼搏，徐咏梅带领天地人团队摘获了“农业产业化国家重点龙头企业”“海南省专精特新中小企业”“全国首批生态农场”“全国脱贫攻坚先进集体”等荣誉。

“雄关漫道真如铁，而今迈步从头越。”乘着党的二十大东风，徐咏梅将继续带领天地人团队，以高质量发展的理念带领更多的农户和脱贫群众走在共同富裕的道路上，为乡村振兴和海南自贸港建设作出新的贡献。

吴翠云

扎根南疆的『红枣公主』

吴翠云，1968 年生

探索形成适于新疆盐旱区的红枣直播密植高效优质栽培理论与技术体系

2020 年全国先进工作者

“种植户对科技的需求，让我认识到自己的价值和责任。”

在塔里木大学有一位人人皆知的“红枣公主”，说起她，人人都竖起大拇指，对她爱生如子的园丁精神、潜心科教的敬业精神、甘为人梯的孺子牛精神、心系百姓的大爱情怀赞不绝口。

1990 年，吴翠云从塔里木大学果林专业毕业，她满怀对教育事业的憧憬和热爱，选择留校任教，选择扎根边疆，成为塔里木大学一名专业教师，在为党育人、为国育才和为南疆科技服务的道路上一走就是 30 余年。

30 余年来，吴翠云凭着对教育事业的挚爱，不忘初心，引领学生健康成长，以言传身教的榜样力量和爱生如子的园丁精神培养了一批批爱国爱疆、服务边疆的专业技术人才，成为学生眼中最令人钦佩最值得信赖的“吴妈妈”；她钻研教材教法，大胆创新，带领青年教师构建“一体两翼”型园艺卓越农林人才培养模式，以扎实的教学功底和精湛的教学技艺指导新教师，成为青年教师的引路人；示范推广新技术新模式，造福百姓促产业发展，帮扶边疆少数民族贫困团场职工，成为基层农民技术技能的传授者。

“没有当过班主任的老师是不完美的。”吴翠云从教以来，承担过 7 个班级的班主任。作为班主任，她常常早上陪着学生一起出早操，晚上去教室查看晚自习，周末去宿舍找学生谈心，带学生踏青郊游感悟胡杨的精神和壮美、去团场的果园领悟科技的力量，这些都倾注了她对每一位学生的关爱和期望。

吴翠云大学毕业一工作就加入了闫春雨教授带领的果树育种团队，开展早熟梨新品种的选育。她作为主要完成人之一，选育早熟梨新品种“新梨 7 号”并示范推广，已成为全国早熟梨优选品种之一。

新品种、新技术是南疆果农脱贫致富的法宝。吴翠云聚焦南疆红枣产业重大科技需求，带领团队攻克生产技术难题，示范推广新技术新成果 10 余项，带领团队研究的新疆盐旱区等红枣，高效直播建园技术及密植高效优质栽培技术、枣园林下种养生态栽培模式与技术等，累计示范推广 90 余万亩，培训各族职工群众 15000 余人次，推动亩均增收 300 余元。

后来，在新疆红枣产能过剩、人工成本居高的情况下，研究成果品质形成机制与品质提升技术，优化栽培模式向轻简高效方向发展成为了她的主攻方向。她带领团队历经 12 年持续不断试验示范，提出了“三优一高”的产业发展模式，建立了红枣宽行高干主干形栽培模式及配套技术，项目成果在兵团 4 个师 10 个农牧团场和南疆 3 地州 6 个县的枣产业生产中直接应用，建立核心示范基地 10 个，近三年累计推广 305.3 万亩，成果获得兵团科技进步奖一等奖。

吴翠云常说：“我是一名科技工作者，种植户对科技的需求，让我认识到自己的价值和责任。”她以职工农民所需为已需，以职工农民所想为已想，将几十年的科研成果在南疆贫困地区示范推广，助力脱贫攻坚“最后一公里”。

李文丽

劳模传薪火　匠心创前路

李文丽，1968 年生

中国东方航空股份有限公司客舱服务部凌燕品牌乘务培训师

2005 年全国劳动模范

“从内心深处喜欢每一个人，了解他们关心什么、需要什么，并尽力帮助他们获得自己的需求。”

李文丽出生于一个普通的军人家庭，18 岁与蓝天结缘，如今已相伴客舱三十六载。爱岗敬业，甘于奉献，为人民服务，是她从未改变的初心。作为一名乘务员，她立足本职，带着一股韧劲一份执着，踏实做好乘务工作。航班上凡是要求别人做到的，她一定自己先做到。这里的马桶堵塞了，她二话不说，戴上手套就去掏粪排污；那边的水斗里有一池的呕吐物，她忍着难闻的气味，毫不犹豫认真清理；阅读灯坏了，她也能试着修复；旅客的手机掉进座椅缝隙中，她就跪在地上，脸贴在地板上打着手电帮助搜寻。航班中经常遇到特殊情况，她会调整好自己的心态，迅速反应，组织协调，带领着乘务员们积极面对困难，逐一解决问题。这些都是每个平凡航班的日常。在任何情况下，充满热爱地工作，确保安全第一，是她矢志不渝的使命。

李文丽有一种信念，就是用一辈子做好一件事：“做一辈子乘务员，一辈子学做乘务员。”“从内心深处喜欢每一个人，了解他们关心什么、需要什么，并尽力帮助他们获得自己的需求。”这是李文丽对自己带领团队最基本的要求。工作就是一个吃苦耐劳、不断磨炼的成长过程。爱每一个旅客，爱每一位同事，爱自己的乘务工作，多年来李文丽心怀感激、满怀激情，毫无保留地传授技能、分享经验，既不放松对劳模团队成员的严格管理，同时也用积极创新的方式调动每一个人的积极性。

如今在李文丽工作的部门，都是年轻人，工作劲头十足，也经常会工作得废寝忘食。李文丽心疼之余，会帮大家准备好晚饭或消夜，出去采购完立马趁热送到他们手上，就是担心他们不会照顾自己伤了身体。同事们也会打趣说他们都像她的孩子一样被疼爱。多年前同事生孩子，丈夫在国外改装机型不能在身边照顾，当时李文丽也在哺乳假期间。得知这个情况，她请家中老人帮助照顾坐月子的同事，同事的孩子嗷嗷待哺，她就用自己的奶水来一起喂养。李文丽住队 6 年，深刻体会到住队人员没有家人照顾的困难，在自己成家后，经常会给住队的同事包馄饨煮饺子，飞早航时，经常给全组的组员带来早饭，冬天飞早航时，会煮一锅热腾腾的粥给大家，让大家暖暖和和地上飞机。作为乘务员，逢年过节执行航班任务是家常便饭，这时她会请家中老人做些拿手好菜，请在节日里一起飞行的同事们吃自个儿带的年夜饭。

劳模传薪火，匠心创前路，李文丽和她的同事们用实际行动守护着客舱。

杨玉兰

因爱而卓越非凡

杨玉兰，1969 年生

重庆医药（集团）股份有限公司党委副书记、

工会主席

2021 年获评全国五一巾帼标兵

> 认真，于平凡细微之处；专注，在岗位职责之上。

“把最困难的一户留给我”，这是杨玉兰到重药集团履新后第一次“冬送温暖”时说的话。看着病床上的困难职工冯晓莉，杨玉兰说：“重药大家庭不落下、不放弃任何一个兄弟姐妹。”她向集团全级次职工发起捐款倡议，并明确“普通职工捐款不超过 50 元”。3 天收到近 31 万元捐款，点燃了冯晓莉活下去的希望，更凝聚了五湖四海重药人的心。

“爱，是关心关爱，是信任认同。”她坚持传承与创新相结合，汲取“红岩”精神力量，确立“因爱卓越”文化体系，将“爱”作为重药文化的鲜明符号。她提出“精益文化、爱的文化、融合文化”文化管理三条主线，创建一系列党、工、团工作品牌，作为企业文化落地的重要路径。

她以对党的绝对忠诚培育好每一个重药干部职工，以“提升心性、高强本领、创造价值”为宗旨创建重药商学院，与知名大学联办 Mini MBA，打造劳模和工匠人才创新工作室，全面激发干部职工爱党爱国爱企的干事创业激情，为企业发展提供强力支撑。

“吃好饭是最重要的事情。”她把职工的每一件小事放在心上，高质量推进全国总工会“提升职工生活品质”试点工作。从“煮好一枚鸡蛋”“为抗疫职工增加一盒牛奶”，到修建职工食堂、书屋、健身房、妈咪小屋、心理健康咨询室，探索儿童托管服务。5 年来，职工综合满意度稳步提升至 98.38%。

“勇者迎难而上，危难之时方显国企担当。”新冠疫情期间，杨玉兰号召各级党组织充分发挥战斗堡垒作用和党员先锋模范作用，公司累计收储防疫物资 15 亿元，协助中国政府赴巴勒斯坦、阿尔及利亚防疫医疗专家组完成援助任务。她多次慰问一线抗疫职工，第一时间出台内部防控方案，最大限度保障生产、生活有序开展。

她立足“五结合、三提升、两传递”，依托重药所属药房全覆盖建设 700 余家“重药健康小站”，服务户外劳动者，改善职工工作环境。一天，外卖员小陈因雨天路滑，骑摩托时滑倒扭伤了手腕，附近的“重药健康小站”专业人员紧急为他进行了伤处处理。小陈很感激：“他们很专业，第一时间帮我处理了扭伤，还教我后期护理方法，我的手恢复得很快！”

“认真，于平凡细微之处；专注，在岗位职责之上”，是杨玉兰一直坚守的箴言。在重药这个护佑一方百姓健康的舞台上，她始终以高度的责任担当、敬业奉献和大爱之心投入公司改革发展的各项事业，以微光引聚璀璨星河，用爱镌刻万丈荣光。

尤良英

带动各族兄弟姐妹增收致富

尤良英，1970 年生

新疆生产建设兵团一师十三团十一连“两委”委员

2016 年获评全国五一劳动奖章

“我的目的只有一个，就是带着大家一起富。”

“我 21 岁就从重庆来新疆了。”“看这美颜效果，好似我又回到了年轻的时候！”尤良英在直播间为红枣种植户代言，一边介绍红枣品质，一边和直播间的粉丝们聊天。

尤良英组建的直播团队现在有 20 余人，团队里有边疆红果品专业合作社社员，还有大学毕业生。“直播间人气最高时，观看人次达 74 万；最火爆时，1 个小时销售红枣 18.5 吨；2023 年春节期间，销售总额 3000 多万元。”尤良英自豪地说。

除了直播带货外，尤良英不断探索创新农产品销售方式。2023 年，她发起了“屯垦沙漠一棵树”枣树认养活动，认养人每年花费 18.8 元认养 1 棵树龄 10 年的红枣树，可以为它取名、挂上认养牌，还可以随时来现场或通过网络了解认养枣树的生长情况。目前，已有 10 万余棵枣树被全国各地的人认养。“我的目的只有一个，就是带着大家一起富。”尤良英个头不高，但小小的身体里似乎总有使不完的劲儿。

为带动更多职工群众致富，2016 年尤良英大胆自创品牌闯市场，联合 16 名职工成立了边疆红果品专业合作社，注册“尤良英”商标，用“善人、善心、善果”6个字诠释品牌内涵，“尤枣”自此诞生。经过不断发展，合作社成员由最初的16人增加到如今的1700多人。“我们的红枣品质优、口碑好，得到了全国各地市场的认可，大伙儿的致富路一定会越走越宽。”尤良英信心满满地说。

2020年4月，尤良英又带头成立了阿拉尔市万农果品种植农民专业合作社联合社，集聚多种新疆特色农产品，经营能力倍增。尤良英努力用“市场效益决定种植模式”的成功经验，带动更多职工群众增收致富，抢占红枣高端市场。

尤良英还积极牵线搭桥，推动团场周边县乡低收入家庭劳动力实现转移就业。如今，越来越多的少数民族群众来到一师各团场务工，人均务工年收入超过3万元。尤良英用实际行动感召引领各族职工群众，始终做民族团结的守护者、践行者。

“走到哪儿，就把民族团结的故事讲到哪儿，我要团结带领更多职工群众增收致富，实现共同富裕。”尤良英说。

李 鹏

永远为人民服务

李鹏，1971 年生

中国工商银行新疆乌鲁木齐新民路支行副行长

2020 年全国劳动模范

> “保持一颗服务的心，给前来办事的群众提供一点力所能及的方便，是对这份职业以及人最好的尊重。”

“无论任何时候、任何地方，任何人跟你讲起与钱有关的投资，你都可以先来问我……”这是李鹏跟前来咨询业务的客户说得最多的一句话，也正是这句话，守住了很多人的“钱袋子”。

从柜员到客户经理再到副行长，职务变了，年龄变了，李鹏的初心没变，始终用“服务客户、让客户满意”的职业责任要求自己。工作琐碎繁杂，客户需求各种各样，李鹏从来没有让他们失望过。客户半夜询问卡丢失怎么办，她积极帮助解决；80多岁的独居阿姨腿脚不便，李鹏多次上门接送办理业务；遇到执意投资“稳赚不赔的项目”的群众，李鹏一遍一遍解释劝阻，避免大家受骗……她还特别招老年人喜爱。她当柜员时大爷大妈们在柜口前排长队，成客户经理后大爷大妈们又在理财会客厅排队。他们等她，很多时候不是为了理财，不会发微信红包的、不会和儿女用手机视频的、不会网上缴费的，林林总总，都要来找她。老人们说：“和银行人打了几十年交道，李鹏是最真诚的一个，我们不是业务关系，更像是家人。”李鹏自己说：“我就是干服务行业的。保持一颗服务的心，给前来办事的群众提供一点力所能及的方便，是对这份职业以及人最好的尊重。”

2016 年，“李鹏工作室”挂牌成立。如何打造一个老百姓信得过的金融惠民窗口成了李鹏思考最多的事。“当师父，是信任，有压力，也是动力。我愿意把我所知道的、我学习到的内容，分享给身边更多的人。”她将自己多年的工作经验总结成“李鹏工作法”，倾囊相授，至今培养出 4 批近 50 位优秀员工，其中不乏全国金融青年岗位能手、全国金融五一劳动奖章等荣誉获得者。

李鹏不仅用业务服务群众，也用爱心回馈社会。1999 年夏天，李鹏在街上遇到一辆无偿献血车，便跑上去撸起袖子说：“我身体好，抽我的血吧。”从看似随意的决定开始，她坚持了 23 年的无偿献血，累计献血 75 次，献血量超过 2.7 万毫升，相当于 6 个成年人的血液总量。工作不忙的周末，她就到献血屋做义工，还受邀成为“无偿献血先进事迹宣讲员”。从参与者变成组织者，李鹏带领更多人投入无偿献血的队伍中。2018 年，工行新疆分行成立了“李鹏无偿献血团队”，至今已组织了 5 次大规模无偿献血活动。

“凡事一定要走在最前面，永远为人民服务，把人民群众的利益放在第一位，”李鹏说，“这是一个共产党员的初心决定的。”

胡小燕

被总理点赞的『明星代表』

胡小燕，1974 年生

首位当选全国人大代表的农民工

2008 年获评全国五一劳动奖章；2018 年被授予改革先锋称号

“农民工群体太需要他们的代表了！”

胡小燕，曾经以首位农民工全国人大代表的身份扬名全国；在此之前，她是佛山陶瓷企业的一名女工；更早时，她是一个困难农家的劳动妇女。因为南下打工，胡小燕的身份发生了传奇般的变化。

2008 年 3 月 5 日，十一届全国人大一次会议开幕。第一次踏上人民大会堂庄严的台阶，胡小燕“感觉就像做梦，同时也感到责任很重”。

会议期间，时任总理温家宝参加了广东代表团的分组讨论。钟南山院士第一个发言，胡小燕第三个发言。胡小燕说：“现场规定每人发言 7 分钟，我怕时间不够，噼里啪啦地念，只用了 6 分 47 秒。温总理一边听一边做记录，他还插话问我是哪里人，到广东多少年了，工资待遇怎么样。我快速回答：‘到广东 10 年了，现在有 3000 多元。’温总理还要问我，我却把他打断，又快速念我的稿子。我真傻哦！我当时还不知道总理插话的时间是不算在发言时间内的！”

听完胡小燕的建议后，温家宝转头对坐在身边的时任广东省委书记汪洋说：“这个代表选得好，你们看她讲得多慷慨激昂。”温总理最后对她说：“你提了这么多好的建议，你的梦想会实现的。”这次讨论会后，广东省代表团的所有人都认识胡小燕了。她也成为媒体争相采访的“明星代表”。

会议刚闭幕，胡小燕就按照一家媒体的“策划”，公开了自己的手机号码和 QQ 号码。那之后，她的手机常被打爆，一天最多时有上千个未接来电和上千条短信，最高一个月有 1400 多元话费，占月工资的 2/3，邮箱最满的一天涌进 2088 封邮件，大多是农民工群体向她倾诉和求助。“农民工群体太需要他们的代表了！”胡小燕思考，如何通过一种有效方式，能在本职工作之余履行好代表之职。

在广东省总工会的帮助下，胡小燕和《南方工报》合作开设了“海燕信箱”专栏。专栏原文刊登农民工来信，并由法律专家解疑释惑，重点个案还由记者跑腿维权，开启了人大代表和媒体记者、法律专家“链接履职”的模式。此后，胡小燕又利用自己的代表名片，联合公益机构开设了专门服务外来务工人员子女的“小燕暑期乐园”。

5 年的人大代表经历令胡小燕的人生轨迹发生了改变。2012 年，广东试行在基层“两代表一委员”中选拔公务员，她进入佛山市三水区总工会，成为广大职工的“娘家人”。2021 年 8 月，胡小燕调任广东省佛山市三水区工商联（总商会）专职副主席，在新的岗位上履职尽责，担当作为。

尼玛拉木

二十四载雪山邮路

尼玛拉木，1976 年生，藏族

第一个登上万国邮政联盟讲台的中国乡村女邮递员

2008 年获评全国五一劳动奖章；2010 年全国劳动模范

“我是一个劳模、一名党员，我对事业的奉献不能变，对老百姓服务的初心不能变。”

尼玛拉木出生于云南省德钦县云岭乡，幼年时收到信件的快乐让尼玛拉木对邮递员充满了向往。1999 年，23 岁的尼玛拉木主动到当地邮政所报名，后经选拔被录用，自此开启了 20 多年的邮政快递事业。

高原雪域的邮递工作，充满了常人不能想象的艰辛与困难。尼玛拉木所走的邮路在白马雪山和梅里雪山的峡谷地带，全长 350 公里。这段邮路大部分是悬崖峭壁间的羊肠小道，经常遇到飞石、滑坡和泥石流。早期未建桥梁，要去到河水湍急的澜沧江对面，只能通过一根不甚牢固的溜索。

“我第一次过溜索，看到江水哗啦哗啦地响，特别害怕，过溜索的次数多了以后我也习惯了。”尼玛拉木也曾经为难犯怵，可她心里始终怀抱着“必须过江，一定要把邮件送到”的信念，最终还是义无反顾地拉起溜索，横跨大江。

就这样，那一抹亮红成为村民们最期盼的身影，而尼玛拉木也在一次次将信件平安送达后收获着快乐和满足。“那时候唯一的通信工具就是信件，我把这些信件拿给他们，还有学生的录取通知书，他们拿到以后都特别开心，我自己也特别高兴。”回忆起村民们收到信件时幸福的神情，尼玛拉木脸上也露出了笑容。

2021 年，以尼玛拉木为原型的电影《信者》在中国大陆上映，“邮包搭在身上，它就是你身体的一部分。”这是电影中的一句经典台词，也是尼玛拉木 24 年职业生涯的真实写照。

尼玛拉木先后获得全国劳动模范、全国五一劳动奖章、云南十大女杰等荣誉。面对赞誉，尼玛拉木始终谦虚，“我是一个劳模、一名党员，我对事业的奉献不能变，对老百姓服务的初心不能变。”

如今，尼玛拉木的家乡起了巨大变化，村庄不仅通了桥、通了路，还通了手机信号、通了网络。随着电商的日渐兴起，尼玛拉木又主动拓展起了乡村电商业务。

2019 年，以尼玛拉木命名的劳模创新工作室正式揭牌，经过扶贫项目的拉动，尼玛拉木利用邮政电商平台和物流渠道帮老乡们卖货，把家乡酿的葡萄酒、核桃、松茸、石榴、樱桃等土特产品卖到大山之外，将脚下的邮路变成了助力山村脱贫致富的幸福路。

24 年的默默行走，尼玛拉木的投递行程超过 20 万公里，却从没有延误过一个邮班，没有丢失过一封邮件，始终践行着“人民邮政为人民”的服务承诺。

陈美芳

扎根列车温暖旅客旅途

陈美芳，1979 年生

中国铁路上海局集团有限公司杭州客运段甬广车队党总支书记

2015 年全国劳动模范

“列车是我家，我和旅客是一家。”

“列车是我家，我和旅客是一家。”1997 年，怀着对铁路事业的热爱和对绿色列车的向往，18 岁的陈美芳如愿成为一名列车员，并立下了用心用情服务旅客的志向。

入路以来，陈美芳钻研客运业务、苦练服务技能，别人干一遍，她干两遍；别人打扫卫生用拖把，她用铲刀顶着抹布将边边角角抠得干干净净。下班回到宿舍后，她不顾劳累，反复练习叠被子、折毛巾……功夫不负有心人，陈美芳终于练就了过硬的基本功。一节卧铺车厢 66 床被子，她只要半小时就能全部叠成四方八角，行李、毛巾、鞋子三条线整齐划一，成为车厢里一道亮丽风景。

陈美芳坚持每次退乘后进行总结。25 年来，她记录下 15 万字的服务心得，并先后总结提炼出独特的“十二个一点工作法”“四水服务法”“最后一公里五个一服务法”“六送微笑服务法”等，将整个服务过程亲情化，被亲切地称为“列车天使”，旅客们对她赞不绝口。

一人是铁，不如人人是钉。2007 年，陈美芳走上列车长竞聘台，成为当时甬广线上最年轻的女列车长，并于次年当选车班党支部书记。她发起成立了以车班党员为主体的“陈美芳亲情服务团队”，将自己历年获得的各种奖金捐出成立了“爱心基金”，用于帮助困难旅客，自费购买温馨毯、关爱枕、充电宝等100多件旅行常用物品，设置“爱心百宝箱”；开设列车长服务热线，开展“亲情接力”服务；建立“老乘客”信息库……在她的带动和精心组织下，服务活动一项接着一项，团队从发起时的“一个人”到“一群人”，汇聚起全心全意为旅客服务的先锋力量，现如今团队成员已从最初的45名发展到260余名。中央电视台《焦点访谈》栏目组曾对这趟列车做了主题报道，称其为“开往春天的列车”。

2017年春运，陈美芳倡议发起“劳模智囊团助力铁路春运”特色服务，借助社会各界的力量，更好地服务春运。劳模智囊团成员涉及公安、公交、美容、卫生、应急等各行业劳动模范80余人，至今已帮助解决列车上救治突发疾病的旅客等突发事件35起。

把党中央的惠民政策通过列车送到群众身边。陈美芳想到，自己所在的甬广车队承担的K209/210次旅客列车途经浙江、江西、广东3省，沿途停靠赣州、吉安革命老区等24个站点，每到春运节后，老区赴浙务工人员多。陈美芳牵头联系了地方政府、工会、企业，连续两年把用工招聘会办到了列车上。在2021年2月25日K210次列车举办的首场招聘会上，有73人次现场达成了招工协议，让旅客下了车门就进了厂门，用实际行动打造实实在在的“共富列车”。

黄墁

丹心为国　警心为民

黄墁，1984 年生

创建广西公安系统首个“广西三八红旗手工作室”

2015 年全国先进工作者

“法医的责任重大，重如泰山。而我的职责就是用科学还原真相。”

入警 15 年来，黄墁以精湛的专业技术、强烈的事业心和责任感投身于法医事业，累计检验尸体 700 多具，协助破获重大、疑难案件 650 多起，活体伤情检验 4800 多人次，为案件揭开真相，为起诉提供证据，为警徽增添光彩。

2013 年 4 月，玉林发生一起恶性杀人案，当时已怀孕 2 个多月的黄墁连续 12 个小时奔忙在 2 个案发现场检验 2 具尸体。由于劳累过度，黄墁不幸流产。在组织和家庭的关爱下，她很快又回到法医岗位。3 个月后的一天，由于她连日加班工作过于疲倦，在缝合一具男尸时，不慎被针刺破了手指。随后经紧急查询，证实该男子是艾滋病感染者。局领导立即将黄墁送到医院诊疗，她不得不遵医嘱服用艾滋病阻断药物。每次吃药后她都呕吐不止，瘦得只剩 85 斤。但她用顽强的斗志顶住了巨大压力，一边工作一边治疗，一年后排除了被感染。

2016 年 12 月，黄墁牵头集结玉林市公安局玉州分局刑事科学技术人员，创立劳模创新工作室。她创新理念，积极探索推行“加减乘除”工作法，将劳模创新工作室打造成技术人员交流、学习的学校和培养具有先进技术的警察的平台。工作室创建以来，协助破获 390 多起案件。2017 年 3 月，被广西壮族自治区总工会评为自治区“劳模创新工作室”。她坚持以党建带队促业务，立足刑事科学技术攻坚克难，创建“物证先锋·砥砺前行”党建品牌；她充分发挥警营“半边天”的作用，塑造公安系统巾帼排头兵，创建广西公安系统首个“广西三八红旗手工作室”。

2020 年，公安部开展命案积案攻坚行动，黄墁带领刑事技术室人员主动摸索检验方法，通过技术手段比中抓获命案积案逃犯 43 名，破获命案积案 28 起，完成率全区第一。同时，她大力推进刑事技术三项破案会战，利用多种技术手段比中传统“盗抢现案”犯罪嫌疑人 403 人。

2021 年，在公安部开展的“团圆”行动中，黄墁组织刑事技术人员开设“绿色通道”，比中找回历年失踪被拐儿童 48 名（其中被拐 30 年以上 5 名，被拐时间最长的达 40 年），位居广西第一。2021 年 1 月，玉林市公安局刑侦支队刑事技术大队被广西公安厅授予“集体二等功”，2022 年 5 月，获得“全国优秀公安基层单位”荣誉称号。

“对话”

问：您目前主要负责的工作内容是什么？您的工龄有多少年？

黄：目前任容县公安局党委副书记、政委，主要负责公安机关的思想政治工作、队伍建设和党建工作。工龄 15 年。

问：女性从事这份工作的优势是什么，劣势又是什么？如何克服困难逐渐取得成绩？

黄：入警以来，我从事法医工作，从技术一线转岗到行政管理，女性具有独特的性别优势，会更加地细腻、敏锐、耐心、亲和等，既有执法的力度也有温度。在大多数人眼中，武力值小的女警，在以男性为主的警营中，诸如摸爬滚打、抓捕追逃等是她们的弱项，但其实不然，越来越多的女警勇于挑战敢于超越，在各条战线展示她们既爱红装也爱武装的飒爽英姿。

问：工作中印象最深刻的、感觉难度挑战最大的是什么？

黄：公安系统的法医，职能是为侦查和诉讼提供证据。法医工作重如泰山，直接关系罪与非罪、轻罪与重罪，失之毫厘则谬以千里。所以，要确保每一份证据都科学公正，这既是要求也是最大挑战。无论何时，一要慎之又慎细之又细，二要立好“公平正义”这把尺子，让它不偏不倚。

问： 最难忘的工作细节是什么？内心最自豪的工作成就是什么？

黄： 法医工作比较“重口味”，进出各种不同场景的现场，不仅要和尸体打交道，还要和血腥、腐臭等“零距离接触”，面临有毒有害物、传染病等职业暴露风险……一个个案件跟下来，仿佛经历了无数次生离死别，然而这个特殊的职业，让我早早就懂得了一个道理：生命的长度是有限的，但生命的宽度和深度可以延伸。

问： 工作中的创新思路是从哪儿来的？

黄： 每周会对一周工作进行复盘，每年对年度工作进行总结回顾，坚持问题导向，结合基层实际，从中梳理短板弱项和难点堵点，探索措施优化方法。

问： 攻坚克难的动力在哪里？

黄： **干一行爱一行精一行，把工作做到极致。**

问： 您所在的行业，这些年发生的最大变化有哪些？您的感受是什么？

黄： 第一，人民群众的安全感不断提升。近年来，随着科技创新成果的运用，技术水平和手段不断提升发展，破案的效率和攻坚的能力得到快速提高，人民群众在点赞“公安速度”的同时，更加感受到平安触手可及、安全就在身边。第二，公安改革的红利惠及千家万户。从过去的多次排队、多次往返到现在的“最多跑一次”“网上办”“零跑腿”，公安改革硕果累累，惠民红利持续释放。第三，公安民警的执法更加规范化。

随着执法规范化建设的纵深推进，公安机关不断回应人民群众对公平正义的新期盼，主动接受人民群众的监督，追求“教科书式执法”。法治中国、平安中国走进了千家万户，人民群众有了更多更直接更实在的获得感、幸福感、安全感。

问： 您是怎么理解工匠精神，工匠精神又是如何在您的工作中体现的？

黄： 我国自古就有尊崇和弘扬工匠精神的传统，“如切如磋，如琢如磨”“巧夺天工”“匠心独运”“技近乎道”……这些经过千年岁月洗礼依然熠熠生辉的珍贵品质，早已融入中华民族的文化血液，工匠精神既是一种价值理念，也是一种精神传承。在工作中，首先要做到爱岗敬业、精益求精，同时要追求卓越和创新。

入警后，作为一名女法医我遇到了很多的质疑、考验、困难、挑战。我从未被打倒，始终坚持攻坚克难，立足本职，领衔创建了自治区“劳模创新工作室”、广西公安系统首个“广西三八红旗手工作室”、“侨警护蕾”未成年人关爱中心，带领广大民警用匠心守护平安。

问： 您对未来有哪些期待，有哪些想做的事情？

黄： 创新搭建更多服务群众的平台载体，打通服务群众的“最后一公里”。

问： 对于各行各业的女同胞们和年轻人，您最想对她们说什么？

黄： “在中国人民追求美好生活的过程中，每一位妇女都有人生出彩和梦想成真的机会。”习近平总书记暖心有力的话语，鼓舞着每一位女性，因此，我们要争做最美巾帼奋斗者。

川航毕楠乘务组

专业、团结与勇气

毕楠乘务组共有 5 人，均是女性

在川航 3U8633 航班特情处置中，配合飞行机组，做好客舱应急处置指挥和旅客的情绪安抚

荣获全国五一巾帼奖状、全国五一巾帼标兵岗、全国三八红旗集体；毕楠被评为全国三八红旗手

> “乘务人员都是受过专业训练的，能够保障大家的安全。”

2018 年 5 月 14 日，毕楠乘务组执行重庆至拉萨的高原航班任务，在飞行前，乘务组已经根据公司手册要求对高原航线飞行进行了专门预案。起飞半个小时后，乘务组正在客舱中进行餐饮服务，突然传来“嘭”的一声巨响，紧接着出现很大的啸叫声，伴随着一股强大的吸引力和剧烈抖动，所有客舱氧气面罩全部脱落。4 位乘务员都被抛起，餐食、饮料撒落一地。乘务组判断客舱出现失压，迅速启动了失压处置程序，并立即指挥旅客：“用力向下拉氧气面罩，将面罩罩在口鼻处，保持正常呼吸，系好安全带，听从指挥。”同时通过广播向旅客们表明：“乘务人员都是受过专业训练的，能够保障大家的安全。”这样的口令一直持续着。在很短的时间内，所有旅客都按照指挥，戴上了面罩。在确认没有遗漏的情况下，乘务组从后向前用手势传递了确认信息。其间有些旅客受到惊吓开始哭泣，乘务员都耐心地进行了安抚。当听到起落架放下的声音，这表明飞机到达了安全高度，毕楠立即指挥乘务员回到岗位，做好紧急撤离的准备。飞机安全降落，机组通知不用撤离，毕楠立即向旅客广播：“飞机安全了，大家不要担心”。整个客舱响起了掌声。

全体乘务员逐一询问旅客们的情况，确认大家都安全后，开始有序地指挥旅客下机。当她们检查完客舱下机时，看到了领导和同事们关切的目光，看到了旅客们流下的热泪，心里觉得无比的感动和欣慰。紧急时刻，乘务组用专业与沉着，换来乘客们的信赖；乘客们用配合与信任，换来生命的安康。后来此事迹被改编为国庆献礼电影大片——《中国机长》。

毕楠乘务组始终牢记习近平总书记的殷殷嘱托，弘扬当代民航精神，以英雄精神凝聚奋进力量，在平凡岗位锻造非凡精神。她们将习近平总书记的重要指示转化为对民航安全的责任，转化为对人民利益的责任，转化为真情服务的情怀，转化为持之以恒“抓基层、打基础、苦练基本功”的行动，转化为践行当代民航精神和工匠精神的自觉追求。

新时代新征程，毕楠乘务组将继续以习近平新时代中国特色社会主义思想为引领，不断弘扬新时代的民航精神，展现女职工风采，为建设民航强国而努力奋斗！

国航金凤乘务组

二十八载云端筑梦

国航金凤乘务组成立于 1994 年

被誉为“蓝天上的雷锋班组”

1999 年、2006 年荣获全国五一劳动奖状；2014 年被授予“时代楷模”荣誉称号

“事业方新，大鹏九万里。”

航线就是火线、客舱就是方舱。在新冠疫情肆虐的3年里，金凤组时刻坚守在战“疫”前沿，圆满完成了驰援武汉、接运滞留境外同胞回国、复工复产、运送医疗专家援非等重要运输任务。

“亲爱的家人们，我们把你们平安带了回来，欢迎你们回家！”来回程30多个小时的防护服包裹，13个小时的滴水未进，每小时一次的全面消杀，金凤组用严谨的工作态度死守新冠疫情交织埃博拉病毒的防疫屏障，用真挚的为民情怀打通同胞绿色乘机通道。被口罩勒出血痕的面庞、因反复消毒而干裂的双手，未曾合眼而熬红的双眼……终于，从刚果首都金沙萨运送境外滞留旅客的航班平稳落在三亚。

二十八载云端筑梦。在祖国和人民需要时，金凤组总是第一时间勇挑重担，飞上蓝天。2008年北京奥运会期间，在金凤组的通力协作下，承担着奥运圣火传递任务的“圣火号”包机飞越境外19个国家和地区的21个城市，抵达国内45个机场，总行程11.4万公里，创造了中国民航史上单机在外连续飞行时间最长、飞行地域最广、飞行距离最远等8项历史之最。

2011年初，利比亚枪炮四起，为了当地中国公民的安全，国家组织了历史上最大的海外撤侨行动。从 2 月 23 日至 3 月 5 日，国航共派出包机 28 架次，接回中国同胞近 9000 人。在祖国需要的时候，金凤组勇挑重担，召之即来、来之能战。

公益行动贵在专注与坚持，金凤组在点滴之中彰显大爱。“金凤妈妈”们用 17 年的接力帮扶与关爱陪伴将首都机场社区的孤儿从蹒跚学步送至大学校园，还多次前往四川山区看望留守儿童，为潮汕地区多所小学及太阳村儿童捐赠图书和衣物、走进中小学宣讲航空知识，利用短视频平台宣教，积极参与广西昭平及内蒙古苏尼特右旗“中航蓝天课堂”支教……她们将国航“放心、顺心、舒心、动心”的服务理念融入社会公益，在服务中延伸，在行动中传递。

“事业方新，大鹏九万里”，金凤组已将发展使命感和社会责任感深深融入血脉里。未来，他们将以社会主义核心价值观和金凤精神为引领，踏着新时代的鼓点，在蓝天上谱写新时代的华章。

伍

文化基石

常香玉

德艺双馨　忠心报国

常香玉（1923—2004 年）

1951 年为支援抗美援朝，常香玉以演出收入捐献“香玉剧社号”战斗机一架

1995 年全国劳动模范；2009 年被评为“100 位新中国成立以来感动中国人物”之一；2004 年被授予时代领跑者——新中国成立以来最具影响的劳动模范

“戏比天大。”

“戏比天大”是常香玉一生的座右铭，她视艺术为生命，始终怀着对民族戏曲艺术的炽热情感，将毕生精力贡献给民族戏曲事业。她让豫剧影响力不断扩大，不仅唱遍黄河两岸、大江南北，而且走出了国门，拥有亿万观众和戏迷。

20 世纪 20 年代，常香玉出生于河南省一个农村家庭，原名张妙玲，父亲张福仙是一名豫剧演员，9 岁起，常香玉就跟着父亲学习唱腔和武功，串集镇、赶庙会，搭戏班学艺，练就了“吐字重而不死，轻而不飘”的绝功。她博采众家之长，集豫剧之大成，把豫东、豫西、祥符、沙河、高调等五大豫剧声腔派系熔于一炉，而且广泛采撷了河南曲剧、越调、京剧、昆剧、河北梆子及河南坠子等剧种和曲艺的声腔技巧，形成了深受广大群众喜欢的常派艺术。

常香玉生活十分简朴。那座不起眼的小平房，一住就是 17 个年头。她一辈子很少穿新衣服，衣服总是补了又补，缝了又缝，枕头是用旧衣服裹的。离开人世时，她穿的仍是平生最喜欢的一套旧衣服。然而就是这样一个对自己很严苛的人，完成了捐献一架战斗机的壮举。

1951 年夏，全国掀起抗美援朝的热潮。常香玉卖掉了剧社的运输卡车，取下金戒指，拿出多年积蓄，作为捐献义演的基金。半年时间里，她带领香玉剧社走遍了大半个中国，义演捐款金额 15.2 亿余元，完成了捐献一架战斗机的心愿和壮举。

唱戏先做人，无德艺不立，德艺双馨是常香玉一生的追求。常香玉和她领导的剧团一直坚持“三三三制”演出：三个月在农村，三个月在工矿，三个月在部队，为最基层的观众巡回演出。

只要是为人民而演，哪怕是病得很重，她都要拖着病躯赶来。2003 年底，80 岁的常香玉身患癌症在北京住院。当得知奥林匹克中心工地有一场专门慰问河南农民工的演出，她拔掉输液管，戴上发套遮掩住化疗后稀疏的头发，在家人的搀扶下登上舞台：“只要站得起来，我就要来现场，哪怕说几句话也行。”不顾身体虚弱，她清唱了一段《柳河湾》，成为一生舞台生涯的绝唱。

于漪

在讲台上用生命歌唱

于漪，1929 年生

基础教育改革的开拓者

推动“人文性”写入全国《语文课程标准》

1989 年全国先进工作者；2018 年被授予“改革先锋”称号；2019 年荣获人民教育家称号

“教育是接力棒，一棒一棒地接下来。”

1958年，根据学校教学需要，于漪从任教中国历史改教语文。于漪不是中文专业出身，隔行如隔山，她从零开始，从b、p、m、f补起，在两三年内把中文系的主要课程捋了一遍，增添了自己教学的底气。为提高思想认识水平，她研读了许多哲学思想方面的书，并把自己的“思想活体”放进去，为她此后形成独特的教学风格打下了基础。

于漪主张讲课要有情趣。教《核舟记》，她专门到城隍庙买了一个用橄榄核雕刻的核舟；教《记一辆纺车》，就请班里一位画画好的学生，把油画《周总理纺线》上的纺车画下来；教《卖油翁》时，她准备了铜钱，学生边听边看，折服于卖油老翁的绝技。为了把课上得更加精彩，她常常要花几倍的时间精心琢磨，把上课时的每句话都写下来，先修改，背下来，再口语化，不说一句废话，把每一节课都当成一件艺术品。

知心才能交心。1975年她做全校最乱年级的年级组长、最乱班的班主任。班里有一名屡次逃学、偷窃、打群架的学生，一次与父亲争执被打后离家出走。于漪找到他后，把学生接到自己家里，于漪上班，他上学。学校放学，他跟着于漪回家做作业。以心换心，以情激情，以理疏导。经过多次“拉锯战”，这名学生逐步安静下来，走上正道。

“行可为表仪者人师也。”1985 年她担任上海市第二师范学校校长，把强化“一身正气、为人师表”作为树立师范学校的“魂”来抓，实施一系列令当时社会震惊的管理改革举措：教师实行坐班制，学生剪发穿校服；着手开展教师、师范生“两代师表一起抓”的师德教育，引导“两代师表”“有一颗红亮的心”来“装国运、装教育、装学生、装责任、装追求”，如今活跃在上海基础教育改革最前沿的名校长、名教师有不少是当年的毕业生。

“教育是接力棒，一棒一棒地接下来。”于漪组建培养三级网络——师父带教、教研组集体培养、组长负责，通过一体化研学促进教师成长，先后培养三代特级教师，带教 100 多名全国各地青年教师，涌现出一批知名教学能手。退休后，她谢绝了民办教育集团年薪 60 万的邀请，继续为上海培养年轻教师，被誉为“中国教师群体心中的偶像”。

“我觉得一辈子肩上都挑着千斤重担，一个肩膀挑着学生的现在，一个肩膀挑着国家的未来。因为今天的教育质量就是明天的国民素质，所以我不敢有丝毫懈怠。”耄耋之年的于漪如是说。

樊锦诗

我心归处是敦煌

樊锦诗，1938 年生

被誉为“敦煌的女儿”

曾任敦煌研究院院长，现任敦煌研究院名誉院长，文物保护杰出贡献者

2005 年全国先进工作者；2018 年被授予“改革先锋”称号

> “也许，我倾注一生的时间，也未必能穷尽它的谜底，但我依然要向前走。”

樊锦诗觉得，能与莫高窟“相伴一生”是件幸福的事。眼下，80多岁的她依旧把大部分时间和精力放在《敦煌石窟全集》考古报告上。2024年1月，《敦煌石窟全集》第二卷《莫高窟第256、257、259窟考古报告》正式出版，这份历时10余年编写的共计30多万字的考古报告成为继《敦煌石窟全集》第一卷后关于敦煌洞窟的又一份档案资料。

与敦煌莫高窟结缘，是一次偶然的选择。1962年，是樊锦诗大学生活的最后一年。按照北大历史学系考古专业的惯例，毕业班的学生可以选择到全国各地的文物单位参加毕业实习，她选择了敦煌。那些精美的敦煌艺术让她记忆深刻，但敦煌艰苦的生活却使她望而却步。让樊锦诗没想到的是，最后的毕业分配，自己被分配到敦煌。

1963年的毕业季，瘦弱的上海女孩樊锦诗背起了厚重的行囊，满怀希望地登上开往西部的列车，那年她25岁。当年的莫高窟几乎与世隔绝，没有现代交通工具，从莫高窟去一趟敦煌县城，要走大半天的路。当时的敦煌就是一个小镇，半个小时就能走完，城里只有两个百货商店，还有一个糖盐局。樊锦诗记得，那时大家住土房、喝咸水，还要在洞窟里临摹壁画、保护修复、调查内容、研究文献。

为什么在被世人遗忘的沙漠里会产生如此辉煌的石窟艺术？为什么敦煌仿佛被遗弃在此长达几个世纪？这些由壁画和彩塑营造而成的佛国世界曾经是什么面目……这些问题每天都萦绕在樊锦诗的心头。“也许，我倾注一生的时间，也未必能穷尽它的谜底，但我依然要向前走。”此后的60余年，樊锦诗再也舍不得与敦煌说再见。她整日穿梭在石窟里，与古圣先贤隔空“对话”。就是这样，樊锦诗走遍了莫高窟的所有洞窟，看遍了每一幅壁画、每一尊彩塑。2011年，她历时40年主持编写的《敦煌石窟全集》第一卷《莫高窟第266—275窟考古报告》正式出版，被誉为国内第一本具有科学性和学术性的石窟考古报告。

随着时间流逝，樊锦诗逐渐发现一个严重的问题。她说：“来莫高窟的游客数量激增，有可能让洞窟的容颜不可逆地逝去，壁画渐渐模糊，颜色也慢慢褪去。”20世纪80年代末，一个偶然的机会，樊锦诗接触到计算机技术。她敏锐地感到，这或许是莫高窟得以永久保存的一个机会。

经过30多年的探索，敦煌研究院形成了一整套集数字采集、安全存储、有效管理等多项不可移动文物数字化技术的规范和标准，建立起系统的数字敦煌资源库，数字敦煌资源不仅应用于莫高窟的保护和研究工作，更使敦煌艺术走出洞窟，走向世界。如今，“坚守大漠、甘于奉献、勇于担当、开拓进取”的“莫高精神”，已成为敦煌研究院薪火相传、生生不息的动力源泉，樊锦诗先生更成为“莫高精神”的杰出代表。回首过往，她总说：“此生命定，我就是个莫高窟的守护人。”

关牧村

为人民歌唱

关牧村，1953 年生

女中音歌唱演员、国家一级演员

2000 年全国先进工作者

“我的心永远属于中国，我永远深爱这片东方的土地。”

“珍贵的灵芝森林里栽，美丽的翡翠深山里埋，假如你要认识我，请到青年突击队里来……”每当唱起这首歌，关牧村的心中总会洋溢出劳动者的光荣与自豪。

对歌唱事业的热爱，为关牧村注入了不竭的精神动力。她常说：“作为歌唱家，喉咙长在自己身上，艺术生命却存活在千百万听众的心里。”她把每次演出都看成一次爱的奉献，用心歌唱，为听众送去爱心的温暖和生命的力量。

有一次去宁夏演出，关牧村高烧住进了医院，医生赶紧给她打上点滴。可是，听到有些少数民族群众为了看她的演出，大清早就从家里步行走到银川，她忍不住拔掉针头赶到现场。一首《打起手鼓唱起歌》，引爆全场热烈的掌声。她要再唱一首，却没唱几句就晕倒在舞台上，观众、医生和护士都流下了感动的泪水。

从首届青歌赛大奖到全国听众最喜爱的歌唱演员，再到捧走金唱片奖的《吐鲁番的葡萄熟了》，关牧村的艺术人生获得了太多的奖项，但她最珍视的还是人民群众对自己的喜爱。她去上海演出时，一位老人买了两张票，却一个人走进剧场。工作人员好奇地问：“另一位呢？”

老人说:“我的老伴儿去世前，非常喜欢关牧村的歌声。我多买一张票，就是要让他和我在现场一起听。”

面对观众的厚爱，关牧村立志要用更多的付出去回报。一次，在油田演出结束后，石油工人排起了长队请关牧村签名。她给每一位工人都签了名，足足签了两个小时，连饭都没顾上吃。她热心慈善公益，资助了十几位大山里的失学儿童住校读书，还每年都去临终关怀医院看望孤独的老人，在病床前为老人们唱他们喜欢的歌，告别时给老人们留下钱和水果。河南水灾时，她买了将近 6 万元的救生衣，以最快速度送到救灾第一线。作为连续六届的全国政协委员和两届全国人大代表，她每年都递交提案和议案建议，为普通百姓发出声音，受到有关部门的重视。

打动人心的女中音，让关牧村成为国际文化交流的使者，受到世界各地华人华侨和国际友人的喜爱。她在英国曼彻斯特演出时，被当地人追捧为雍容典雅的女神，希望她能够在英国留下来。关牧村说：“谢谢您们的盛情，遗憾的是我只能把歌声留在这里，因为我的心永远属于中国，我永远深爱这片东方的土地。”

张桂梅

『燃灯』校长

张桂梅，1957 年生，满族

扎根贫困地区 40 余年，创办全国第一所全免费女子高中

2000 年全国先进工作者；2004 年获评全国五一劳动奖章；2021 年荣获全国脱贫攻坚楷模、被授予七一勋章

“让大山里的女孩都有书读。”

张桂梅，云南省丽江市华坪女子高级中学党支部书记、校长，义务担任华坪县儿童福利院院长。40 多年来，她始终坚守云岭深处的贫困地区，拖着病体全身心投入教育扶贫主战场，用大爱筑起师德丰碑，以实际行动诠释了共产党员不忘初心、牢记使命的坚定信仰和崇高境界。

“让不幸的孩子都有妈妈。”2001 年，张桂梅义务担任华坪县儿童福利院院长。华坪县儿童福利院建成当天就收了 36 个孩子，最小的仅有 2 岁，最大的也才 12 岁。张老师虽然不是这些孩子的亲妈，却比亲妈还要亲，福利院的孩子生病住院，她都亲力亲为带病看望照顾，不仅照顾好孩子们的身体，还时刻教育孩子要常怀感恩之心。截至 2023 年 5 月，华坪县儿童福利院先后收养了 172 个孩子。

“让大山里的女孩都有书读。”在一次家访中，与一名小女孩的对话深深地刺痛了张桂梅的内心，她觉得应该给山里的孩子一个读书的机会，让山里的女孩子都能免费接受高中教育，不再陷入“低素质女孩——低素质母亲——低素质下一代”的恶性循环中。于是，张桂梅开始四处募捐。在她的呼吁下，各级党委、政府大力关心支持，社会各界纷纷慷慨解囊。2008 年，全国第一所全免费女子高中成立了。建校 15 年来，高考综合上线率保持 100%，先后有 2000 多名女学生从华坪女子高级中学走进大学校门。

“只要党员在，就没有办不成的事！”万事开头难，办学的过程并非一帆风顺。建校初期，学校硬件设施不完善，条件艰苦，教师辞职离去，学生提出转学，教学工作近乎瘫痪，这时张桂梅的身体也出现了问题。她一边与病魔作斗争，一边想办法把学校办下去。艰难时期，她立即召集党员重温入党誓词，诵读经典文章，大家承诺：“一定要把女子高中办好，一定要把大山里的女孩送入大学！”学校成立了党支部，张桂梅任党支部书记。她坚持“党建统领教学、革命传统立校，红色文化育人”的特色教学模式，将党建工作与教育工作同推进、同落实、共融合；开展“五个一”活动，党员一律佩戴党员徽章上班，每周重温一次入党誓词，每周唱一支革命歌曲，每周观看一部具有教育意义的影片并写观后感交流，每周组织一次理论学习等；把红色文化资源作为开展思政课教育的生动教材，充分挖掘红色文化蕴含的宝贵的精神价值，用红色教育为师生铸魂塑形。

韩再芬

让传统戏曲再现活力

韩再芬，1968 年生

国家级非物质文化遗产项目代表性传承人

（黄梅戏）

2010 年全国先进工作者

> “传统艺术只有不断创新发展、与时代同频共振，才能实现真正意义上的传承与发展。”

无论历史还是现在，文化土壤、乡土基因与戏剧都有着血脉联系。在祖国的戏剧花园里，盛开的黄梅戏之花让这片土地变得更加美丽。

在韩再芬看来，她有两个故乡：安徽的潜山和安庆。潜山即天柱山，是生她养她的地方。人们说潜山是“戏窝”。这里人们的生活，离不开听戏和唱戏，她的母亲和姐姐，也是黄梅戏演员。说她是在戏曲中泡大的，一点都不为过。1978 年，安庆地区黄梅戏剧团首次恢复招收演员，第一站就是潜山。韩再芬陪同学去报名，结果她被老师看上，从此她与戏结缘，与安庆结缘。

韩再芬遇到一个美好的时代，一部《郑小姣》几乎一夜之间让她成为家喻户晓的黄梅戏演员。但戏曲有荣光，也有阵痛。改革开放后，流行文化迅速崛起，戏曲受到严重冲击，韩再芬那时机会反而多起来。各式各样的橄榄枝纷纷向她抛来，电影、电视剧的合约，晚会、演唱会的邀请，让她应接不暇。但离开戏曲舞台的那一段时间，她心中有一种感觉却越来越强烈：一个戏曲演员，你再有本事，离开自己的舞台，也会变得迷茫。

1999 年韩再芬去皖南徽州采风，坐在古老的廊桥上，看着身边的水车和远处的牌坊，看着大片金灿灿的油菜花，心头突然就有一种莫名的冲动。她想用徽州女人的故事，创作一部属于自己的黄梅戏作品。

共同的愿望，将一批志同道合的艺术家集合到她的家乡安庆，大家创作激情爆发，在经过无数次心灵撞击与磨合之后，终于塑造出《徽州女人》的独特气质。这部作品是从家乡文化的土壤中长出来的绚烂之花，不仅收获了观众的掌声，更让韩再芬收获了创作的满足。

现在回头望，韩再芬心中颇有感慨。在戏曲极度困难的情况下，她也曾苦恼过、灰心过。每当这时，她会情不自禁地回望家乡。无论家乡有多远，她都能看到先哲们的淡定神情和深邃目光。故乡文化的滋养和支撑，让她坚守舞台到今天。

八百里皖江风云激荡，如带的皖河星光璀璨。振风古塔上风铃叮当作响，莲湖菱湖中荷花美丽绽放。安庆是韩再芬深爱的美丽城市，这里有令人景仰的严凤英纪念馆，这里有底蕴深厚的黄梅戏博物馆，这里有繁花似锦的黄梅戏艺术中心，这里有群星般的社区戏剧舞台。正是因为长期扎根在家乡故土，深入山野田间，本地文化和乡音乡情成为她艺术创作的源头活水。

《徽州女人》之后，她又相继推出《徽州往事》《公司》《不朽的骄杨》《倾宁夫人》等作品，无一不浸润着浓郁的家乡情结，讲述着老百姓的传奇故事，从群众中来，为人民创作，为时代放歌。

西洛卓玛

永争第一的高原体育人

西洛卓玛，1987 年生，藏族

西藏首个竞技体育世界冠军

2015 年全国先进工作者

> “感谢摔跤让我的人生实现了飞跃！”

西洛卓玛出生在西藏林芝市巴宜区布久乡仲沙巴村的一户普通农家，自小就非常有力气，干起活儿来一点都不比男孩子差。2001 年，她因基本功扎实、力量大，在场上又敢打敢拼，被西藏自治区体校选中开始练习摔跤，后来又被选进西藏自治区竞技体育管理中心（原西藏自治区体育工作大队）。2002 年，她开始师从边巴顿珠、丹增教练进行系统训练。谈起为何选择从事摔跤运动，她轻描淡写地说：“当时就觉得摔跤挺好玩的，在体校里有专业的教练帮助我训练，半天练习摔跤，半天上课，很充实。”宝剑锋从磨砺出。作为队中最矮的队员，西洛卓玛坚持不懈努力，付出比别人多得多，每天在垫子上摔打，一个动作要重复成千上万次，颈伤、肩伤、腰伤、腿伤都是常事，但她从没想过放弃。

幸运总是偏爱肯努力的人。在日复一日的摔打训练中悄然成长的西洛卓玛迎来了人生的耀眼时刻——2009 年，进入全国冠军赛前三，入选国家队；2010 年成为国家队摔跤运动员。对于她的技术水平，中国女子摔跤队总教练张豪杰在接受媒体采访时表示：“她的防守反击，特别是在被动情况下，有她的独到之处。”2011 年她获得世界摔跤锦标赛女子自由式摔跤 67 公斤级冠军，成为西藏和平解放以来首个竞技体育世界冠军，填补了西藏竞技体育世界冠军的空白；2013 年，在第十二届全国运动会上夺得 63 公斤级冠军；2014 年，在亚运会摔跤比赛女子自由式摔跤 63 公斤级获得银牌，这也是西藏运动员在亚运会上摘得的首块奖牌。

西洛卓玛说："感谢国家的好政策，让我能上体校；感谢教练的关心和帮助，让我的人生实现了诸多的'奇迹'。"提及过往的成绩，西洛卓玛说得最多的是感谢："西洛卓玛是父亲给我取的名字，在藏语里有凤凰涅槃、浴火重生的意思，感谢摔跤让我的人生实现了飞跃！"

从农家女孩成长为世界冠军，西洛卓玛享受着体育发展带给她的别样人生，也见证着西藏体育事业的发展变化。"党的十八大以来，我区体育事业迈出了铿锵步伐，为推动新时代西藏长治久安和高质量发展发挥了积极作用。"西洛卓玛说。

切阳什姐

竞走赛场上的格桑花

切阳什姐，1990 年生，藏族

中国首位夺得奥运会奖牌的藏族运动员

2020 年全国先进工作者

> “我们日复一日地训练，克服伤病与孤独，就是为了能够站上更高水平和级别的赛场。我们如此执着地追求，就是因为体育事业的发展承载着国家强盛、民族振兴的梦想。”

初秋时节，高原大地上格桑花竞相绽放。而在世界竞走运动场中，不断突破自我、屡屡获奖的切阳什姐，也正如盛开在高原的格桑花一般，顽强勇敢，不惧风霜与冷雨。

切阳什姐从小就非常喜欢体育，自 2006 年 9 月进入青海省体育运动学校以来，总是梦想着有一天能够成为一名真正的运动员。

2010 年 6 月，切阳什姐正式入选国家队集训。2012 年伦敦奥运会上，切阳什姐以 1 小时 25 分 16 秒的成绩获得女子 20 公里竞走银牌（2022 年 3 月 22 日递补为金牌）并创造了新的亚洲纪录，成为我国首位夺得奥运会金牌的藏族运动员，实现青海省奥运金牌零的突破。

2016 年，切阳什姐再次征战里约奥运会获得第五名；2017 年第十三届天津全运会获得亚军；2018 年在印尼雅加达亚运会获得 20 公里竞走银牌；2019 年 3 月世界田联女子 20 公里竞走世界积分排名第一，同年 9 月在多哈世锦赛获得竞走女子 20 公里亚军。2021 年东京奥运会遗憾获得第七名后，顶住奥运失利的巨大压力，与刘虹、杨家玉、杨柳静等世界名将同场竞技，在陕西全运会比赛中为青海代表团收获一枚宝贵的银牌。

三战奥运，切阳什姐创造了青海竞走的历史，成为青海省第一位连续参加三届奥运会的运动员，也是我国首位连续三届站上奥运赛场的藏族运动员。

坚持固然辛苦，付出总有回报。在斯洛伐克举行的2022年世界田联竞走巡回赛（金标赛）上，切阳什姐以2小时43分06秒获得女子35公里竞走冠军，并创造个人该项目最佳成绩。

2022年5月29日，世界田联竞走巡回赛西班牙拉科鲁尼亚站女子20公里竞走项目中，切阳什姐以骄人的成绩夺得冠军，这是她在本赛季竞走巡回赛中斩获的第三冠。

多次站上国际比赛的最高领奖台，切阳什姐成为一名家喻户晓的优秀体育人，这背后是她对于体育的执着和热爱，以及永不言弃的努力和付出。在她看来，作为一名老党员和一个优秀的运动员，不仅要有优异的运动成绩，更要有良好的思想素质。除了比赛，切阳什姐利用一切时间阅读图书报纸、收听收看广播电视的时事新闻，加强自我学习，坚定砥砺奋进的信心信念。

现在，切阳什姐不仅是运动员，还兼有助理教练的身份。她时常对年轻队员说："作为新时代的青年，必须站出来挑大梁、当主角。我们日复一日地训练，克服伤病与孤独，就是为了能够站上更高水平和级别的赛场。我们如此执着地追求，就是因为体育事业的发展承载着国家强盛、民族振兴的梦想。"

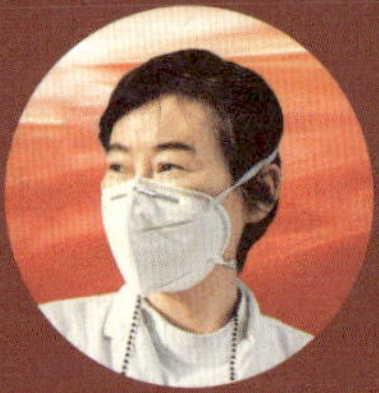

陆

大爱无疆

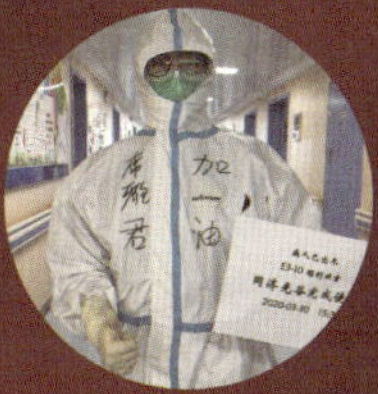

符式珪

『挺胸铁步』的妇产科专家

符式珪（1919—2017 年）

江西省第一位女性教授，带头攻克了治疗女性尿瘘的难关

1979 年全国劳动模范

“救死扶伤，治病救人是我一生的追求，医生最大的欣慰莫过于看到病人的笑脸。”

符式珪生于1919年，她是父亲50岁时喜得的最小的一个孩子。她说：“我的父亲常言：‘名、利、财都是身外之物，随时可以离开你，只有真实的学问、精干的才能是属于你的，永远跟着你，任你使用。做人须有高尚的品格，无愧于人，无愧于己，以积极的态度、饱满的热情对待事业，挺起胸膛，迈开大步，勇于进取。’”在学医、从医的过程中，她始终按照“真才实学，挺胸铁步”这八字家训，遵照父亲教诲，孜孜不倦，向事业的巅峰不断进取。

符式珪在医学领域的最大贡献在于她领头攻克了治疗女性尿瘘的难关（在世界上也曾被称为“不治之症”），在江西乃至全国推动了治疗这种高、深、难病症的歼灭战，使千千万万受这种病痛折磨的姐妹得到了解脱。20世纪60年代初，符式珪到江西会昌等老区巡回治疗，亲眼看到老区不少妇女被尿瘘病折磨得痛不欲生，强烈的责任感迫使她如饥似渴地查阅国内外资料，废寝忘食地探求治疗方法。功夫不负有心人，改进后的手术终于成功了。经过符式珪的治疗，一个个尿瘘病人得到了根治，彻底解除了女性长期难忍的痛苦。江西山沟里的奇迹，轰动了国内外的医学界。

1976年符式珪编著出版了我国第一部《女性尿瘘的手术治疗》，发表了《巨大泌尿生殖瘘的修补术》等多篇论文，这些文章引起了国内外医学界的高度重视。1980年受国家卫生部的委托，由江西牵头组成了以符式珪等为领导的“九省市防治妇产科尿瘘协作组”，随后又争取到中央专项拨款，用于免费治疗尿瘘病。到1984年，已治愈2081例，占病人总数的86.35%。为此，新华社特发消息《中国已能征服产科尿瘘》，路透社、《真理报》等多家外国媒体都进行了转播转载。

符式珪把病人的健康看得高于一切。她常说：“救死扶伤，治病救人是我一生的追求，医生最大的欣慰莫过于看到病人的笑脸。”为了一张张笑脸的出现，她不分昼夜地工作，当有人抱怨这种无节假日、无昼夜的超负荷工作时，她却说：“我越忙，越有劲，我从不厌烦这种无节假日、无昼夜的工作。每当救活了一个患者，甚至挽救了母子两条生命时，我所感受的不是疲劳，而是胜利的喜悦。”她博览群书、从书本上获得知识，在实践中总结经验，在工作中严谨务实，在技术上精益求精，用科学的态度对待每一个患者，精琢细磨，反复推敲，从而正确地诊断，对不同的患者，施予不同的治疗方案，挽救了无数患者的生命，给她们送去了幸福安康。

朱兆云

『医药之花』在云岭绽放

朱兆云，1954 年生

中国工程院院士，发明创制 5 个国家级新药

2014 年获评全国五一劳动奖章；2015 年全国劳动模范

“中药、民族药大有可为。”

1954 年 3 月，朱兆云出生于云南省大理白族自治州巍山县的一个中医世家，从小就对中医药产生了浓厚的兴趣。

1999 年，出于对医药科技的热爱，朱兆云放弃了在云南省医药工业公司的高层职位和优渥待遇，服从组织安排调任云南省药物研究所所长。

“当时药物所比较困难，设备虽然有，但有的不能用了，还有一些比较陈旧，所以当时实验基本上是停着的。”对此，朱兆云经过不懈努力，争取到了资金支持，把实验室的工作恢复起来，紧接着开发了 5 个新药，一经推出，在市场上得到良好反响。其中，痛舒胶囊和肿痛气雾剂进入国家基本医疗保险药品目录，痛舒胶囊为国家重点新产品，申报 FDA 获准在美国开展Ⅱ期临床试验。

新药在研发过程中，实验失败是家常便饭，需要反反复复去验证。从 2000 年开始，朱兆云率领云南省药物研究所研究团队，对我国低纬高原地区复杂多样的药物资源实施首次系统研究的重大工程。野外调查系统摸清了低纬高原地区天然药物资源现状，并对濒临失传的民间医药传承作出贡献。她和团队采集标本 1 万多种 10 万余份，拍摄原生态彩色照片约16万张，准确鉴定412科1720属4392种天然药物，对70种重要药物资源进行深入调查和生产区划，对40个主要云药之乡种植药材进行含量检测……主编《云南天然药物图鉴》等专著6部22卷1191万字，对云南的天然药和民族药进行了系统的阐述，填补了对低纬高原地区天然药物及民族药的系统研究空白。

数十年的躬耕不辍，让一朵耀眼的“医药之花”在云岭绽放开来。2012年，朱兆云团队荣获国家科学技术进步奖一等奖，在行业内产生了非同凡响的轰动。

多年来的坚持和奉献，是她致力于民族药传承与创新的缩影，纷至沓来的荣誉，是对她为中医药事业谋发展的肯定。朱兆云说，获得全国劳动模范的荣誉称号让她感到很荣幸，说明自己的工作得到了社会的认可。作为一名共产党员，今后她将继续在自己的岗位上精益求精，用心去做，坚持去做，一心为公，一心为民。

徐灵英

国家财产就是生命

徐灵英，1964 年生

面对穷凶极恶的歹徒，置个人生死于不顾，英勇保护国家财产免受损失

1998 年获评全国五一劳动奖章；2000 年全国劳动模范

> 哪有时间想怕不怕啊，国家财产就是生命！

“哪有时间想怕不怕啊，国家财产就是生命！”这是徐灵英面对事后采访的记者说出的一句话。

1997 年 10 月 28 日，一个很平常的日子，在农行旺苍县文昌街储蓄所临柜的徐灵英被一声巨响吓了一跳。抬头只见一名持刀青年男子踹开了储蓄所的侧门，闯了进来。徐灵英立即上前去阻拦，并大声质问：“你是什么人？你想干什么？”不想迎来的却是歹徒恶狠狠的一菜刀。徐灵英的鼻子被砍伤，顿时鲜血如注。意识到情况不妙的徐灵英，顾不上止血，转身跑向报警器报警，并高声呼喊：“有人抢银行，快来抓歹徒！”心虚的歹徒怕喊声引来周围的群众，一下子将徐灵英扑倒在地，并用手去捂住她的嘴。徐灵英趁势一口咬住歹徒的手指头，双方在地上厮打起来。歹徒威胁说不松口就砍死你。徐灵英不顾个人安危，死死咬住了歹徒的手指，血顺着嘴角流出，残暴的歹徒挥舞着菜刀在徐灵英的头部、颈部连砍 27 刀，鲜血喷在墙上，洒在地上，溅了歹徒全身。徐灵英已成一个血人，但她仍死死咬住歹徒不放，因为咬得太死太疼，歹徒从她口里猛力抽出手指的时候，竟硬生生拽掉了徐灵英的 2 颗门牙。徐灵英的头部、颈部、手部被砍得血肉模糊，昏倒在血泊中，而她唯一完好的左手里死死攥着的是被鲜血浸透的现金。在医生的全力抢救下，昏迷12小时的徐灵英与死神擦肩而过，脱离了生命危险。醒来后，她说出的第一句话是："钱追回来了没？库款有损失吗？"徐灵英咬断歹徒的那3根手指成为破案的重要线索，公安机关仅用50多分钟就将歹徒抓获，被劫走的53146元现金全部追回。

身体康复后，组织上安排徐灵英负责档案管理工作。面对全新的岗位，她主动报考电大档案管理专业学习，迅速转变角色投入全新工作。为确保人事档案的真实性和完整性，经常要走访村民委员会、派出所、公安局等多个部门核实取证、补充档案信息。不管是风吹日晒还是刮风下雨，她都没叫过苦喊过累，圆满完成了支行120余册员工档案、1400余份档案材料的补充，使支行建立起一套完整、规范、系统的人事档案。该行的人事档案管理工作达到了省级标准。

2019年5月，徐灵英光荣退休，但她放不下心中对银行事业的那份挚爱与不舍，自愿当起了金融知识的宣传员、档案工作的指导员、退休员工的联络员，坚定地走在为民服务的道路上不停歇。有人问她："好不容易退休了，咋不好好歇歇？"她总是笑呵呵满是自豪地说："农行是我娘家，能为街里街坊做些力所能及的金融服务我高兴！"

张继先

拉响新冠疫情警报的『第一人』

张继先，1966 年 8 月出生

拉响新冠疫情警报的“第一人”

2020 年全国先进工作者

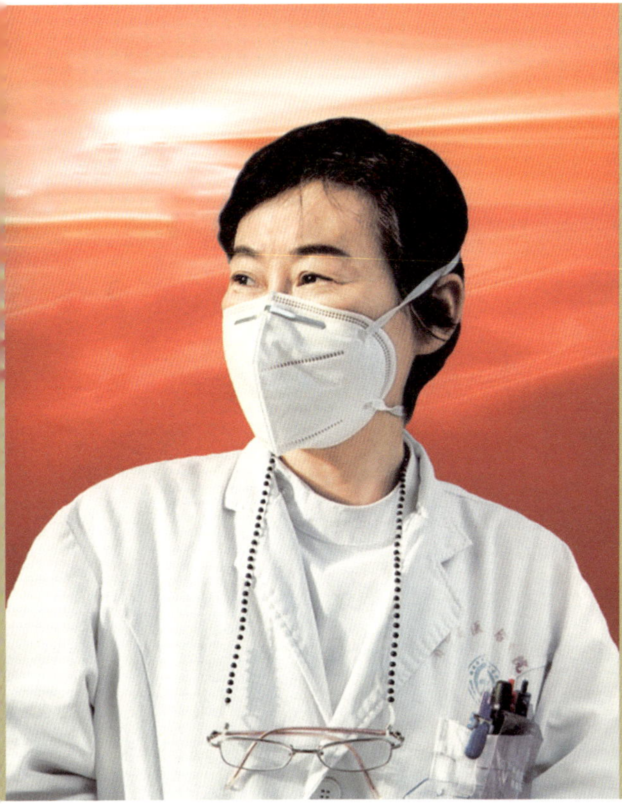

> “国家有机制，必须要上报。”

时间的指针拨回到2019年12月26日，张继先收到的3名发热、咳嗽病人，连同1名家属，其肺部呈现不常见病变，且4人具有高度相似性，她警觉这很不正常，便于第二天汇报给医院相关部门和领导，提请医院当即上报给武汉市江汉区疾控中心。从第二天起的3天里，她又接连收到3名同样异常的病人，这让她意识到事态的严重性，便再次向院里作了汇报，会诊后医院领导于29日下午将情况报告给省、市、区三级疾控中心，是日下午5时即迎来了省、市、区三级疾控中心和武汉市突发公共卫生事件医疗救治定点医院金银潭医院的专家，联合进行流行病学调查，当晚将7名病人中的6人转移到武汉市金银潭医院，并直接促成30日国家疾控专家抵达武汉指导。

面对这个极其宝贵的最早疫情预警，不少人觉得这是偶然。而纵观张继先所有应对措施，无论是按规程按规律救治防控病人、还是按程序按规矩研究上报疫情，都是一种必然中的必然。在她身上，人们看到了什么是专业素养，什么是职业责任。

26日最早进入张继先视线的是一对老年夫妇。通过胸部CT，她发现这对老人的症状与其他病毒性肺炎显像不一样，出于职业敏感，她主动提出让其尚无任何症状的儿子也来照 CT，结果与他父母的十分相似。她顿感此情紧急，立即提醒医护人员做好自我防护，并监督大家严格执行。

除了对人做好防护，张继先当时还对医疗物品作出了针对性规定。她要求，隔离区内的所有医疗用品均不可与其他病人的混用。为了避免二次感染，她还把医疗废弃物全部单独处理。这些措施在当时看起来有些“反应过度”，但“非典”的教训过于惨痛，一根弦永远绷在张继先的脑子里，而这也是她在“非典”时期锻炼出来的思维。

对于团队来说，张继先的这种“过度反应”最终成了不幸中的万幸，在疫情暴发最严重的时候，张继先和她的团队无一人感染。

自新冠疫情发生后，张继先像“救火队员”一样，在离新冠疫情最近的地方战斗。作为呼吸内科主任，她不仅每天要对 160 位病人制定诊疗方案，遇到危急重病人，还要带领团队通宵达旦抢救。她不止一次崩溃大哭，在接受媒体采访时曾坦陈：“这一个月，已经把一生的眼泪都流光了。”

张继先以不足一米六零的血肉之躯，承载千钧重担，在疫情防控制高点上矗立起一面“不忘初心、牢记使命，守土有责、守土尽责”的光辉旗帜。

席雅君

守护生命是我们的本分

席雅君，1983 年生

厦门大学附属第一医院普外科二病区护士长

跟随厦门支援湖北医疗队一队驰援武汉、抗击新冠疫情，担任病区护士长

2012 年获评全国五一劳动奖章；2020 年全国先进工作者

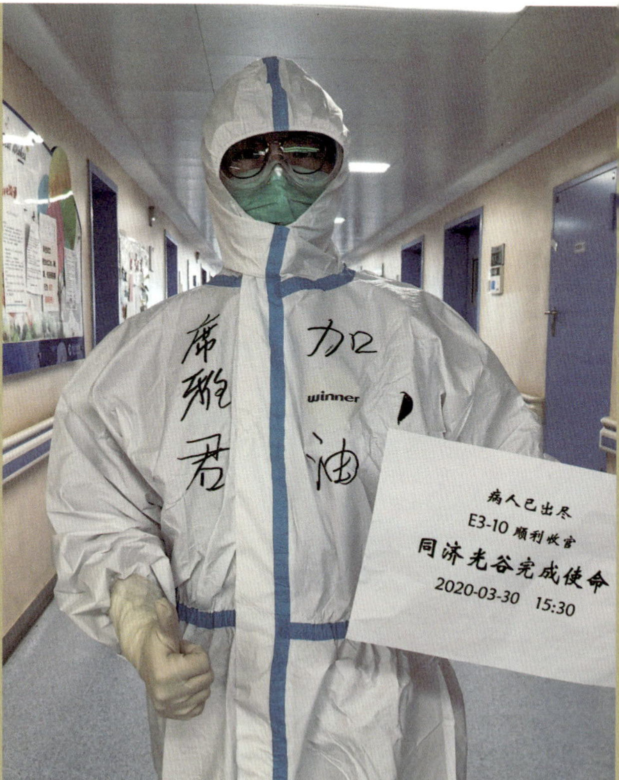

“让我来守护您的生命！”

席雅君2005年毕业于福建医科大学护理学院，本着“要为每一位病人做到优质护理”的理念，从细节处入手，设身处地地为患者着想，从一个枕头到一个体位，从术后患服的穿法到包裹腹带的方向，力求让患者在最大程度上感到舒适。在参加工作的第二年，就获得厦门市护理技能竞赛第一名的佳绩。2012年在全国女职工岗位创新技能竞赛获奖后，席雅君以更高的热情做好“呵护生命的天使”，毫无保留地将自己的成功经验与同事们分享。自2013年担任护士长以来，她所带领的普外科护理团队，在各项检查中成绩不俗，圆满完成医院交给的各项任务，2015年被厦门市总工会评为席雅君劳动模范班组（科室）。

2020年新冠疫情暴发后，席雅君第一时间向护理部递交了请战书：“申请组织批准，让我参加驰援武汉的医疗队，我也愿意到厦门抗击疫情的第一线，履行一名医务工作者的职责。”她说：“我们是白衣战士，不到一线战斗，会留下终身遗憾。”2月10日，抵达武汉的24小时后，在简单地培训和交接后，医疗队就开始了紧张而繁重的救治工作。临危受命负责医疗队护理管理工作的席雅君一边打破医院分界、对护理团队作出合理分工，最大化发挥医疗队力量；一边组织抗疫技能培训，尽快教会医护人员熟练穿脱防护服。由于病区护理工作衔接得又快又好，厦门支援湖北医疗队一队得到同济医院护理部专家的表扬。她所接管的病区更是作为医院唯一代表，接受来自世界卫生组织专家团队的检查，深受好评。

“让我来守护您的生命！”席雅君和队员们用实际行动完成着自己的使命和担当。2 月 19 日，病区里的首位患者治愈出院，接下来的几天里，陆续又有十多位患者治愈出院，一个接一个的好消息让医疗队员们的信心大增。

3 月 30 日 15 时 30 分，厦门市支援湖北医疗队一队病区关舱。席雅君穿着防护服，最后一次巡视完病房，在空荡荡的病区走廊上，她面对镜头竖起右手大拇指，左手拿着写着“E3-10 顺利收官，完成使命”的病例纸，让队员帮忙拍下了这个历史性的时刻。

面对荣誉，席雅君看得很淡，她说：“看到病人稳定下来，我能从他们的笑容里感受到幸福。这或许就是白衣天使存在的意义。”

黄文秀

扎根基层 用实干担当

标记青春

黄文秀（1989—2019年），壮族

主动请缨到贫困村担任驻村第一书记

2019年被追授全国五一劳动奖章；2021年

被追授七一勋章、全国脱贫攻坚楷模

“只有扎根泥土，才能懂人民。”

黄文秀毕业时放弃大城市的工作机会，毅然回到家乡革命老区百色工作，并报名到条件艰苦的边远贫困山区担任驻村第一书记，在脱贫攻坚一线倾情投入、默默奉献，奋斗至生命最后一刻。她把扶贫之路作为“心中的新长征”，全身心扑在工作上，遍访建档立卡贫困户，手绘“民情地图”，往来奔波于崎岖的山路，跑项目、找资金、请专家，组织贫困户成立互助组，建立电商服务站解决农产品滞销问题，有力促进了农民增收，带动了全村整体脱贫。她对群众满怀深情、真诚质朴，虚心向老村支书请教群众工作方法，关爱孤寡老人和留守儿童，发挥自身法学专业优势，积极为村民化解矛盾，赢得了群众普遍信任。她性格坚毅、自强自立、克己奉公，尽管父母长期患病，家境困难，却从未向组织提过任何要求，始终保持乐观向上的态度，尊敬孝顺父母，热心帮助他人，用人格力量感染和温暖身边每一个人。

一心为民，把扶贫路当“长征路”。百坭村条件艰苦，脱贫任务很艰巨，面对困难她没有失去信心，坚持深入群众开展工作，用短短两个月的时间基本掌握了全村概况，驻村一年，她把全村所有的贫困户走访了很多遍，把实现全村脱贫的路当作“长征路”。

倾力扶贫，全村103户贫困户大部分脱贫。黄文秀深知群众要脱贫，增收是硬道理，村经济发展了，人民群众的收入提高了，驻村扶贫的作用才能充分体现出来。到村里开展工作后，她带领村“两委”发动群众摸索到适合本村发展的产业——种植砂糖橘、八角、杉木等，做到长中短产业相结合，目前种植产业已经成为百坭村的支柱产业和群众脱贫致富的主要来源。在她的辛勤努力下，全村种植的杉木从原来的8000余亩发展到20000余亩，砂糖橘从1000余亩发展到2000余亩，八角从600余亩发展到1800余亩，另外种植优质枇杷500余亩。仅2018年，就通过建立电商服务站，帮助全村群众销售砂糖橘4万多斤，销售额22万元左右，为30多户贫困户创收，每户增收2500元左右。百坭村实现了贫困户户户有产业，村集体经济项目翻倍增收，2018年百坭村103户贫困户顺利脱贫88户，贫困发生率从她上任时的22.88%降至2.71%。

舍身忘我，用生命诠释共产党员的初心和使命。驻村工作后，她兢兢业业、任劳任怨，从不因为节假日或周末而放松工作要求，一年到头都是埋头苦干，把工作高质量地完成好。她舍小家为大家，家人患病住院她没能时时在身边照顾，村里大小事务却总能找到她坚毅的身影。为了保护村里群众的生命财产安全，早点回村部署抗洪，她顾不得和自己的父亲过好父亲节，连夜赶回百坭村组织干部群众开展防汛救灾，最后在途经凌云县时遭遇山洪失联，2019年6月17日被确认不幸牺牲。

图书在版编目（CIP）数据

征途：巾帼劳模和她们的时代 / 中华全国总工会女职工部编. -- 北京：中国工人出版社，2024. 12.

ISBN 978-7-5008-8364-7

Ⅰ. K828.5

中国国家版本馆CIP数据核字第2024MW4770号

征途：巾帼劳模和她们的时代

出 版 人	董　宽
责任编辑	魏　可
责任校对	张　彦
责任印制	黄　丽
出版发行	中国工人出版社
地　　址	北京市东城区鼓楼外大街45号　邮编：100120
网　　址	http://www.wp-china.com
电　　话	（010）62005043（总编室） （010）62005039（印制管理中心） （010）62379038（社科文艺分社）
发行热线	（010）82029051　62383056
经　　销	各地书店
印　　刷	三河市万龙印装有限公司
开　　本	880毫米×1230毫米　1/32
印　　张	11.75
字　　数	247千字
版　　次	2024年12月第1版　2025年10月第3次印刷
定　　价	79.00元